TRUCOS PARA EL NUEVO PAPÁ DE UN INFANTE

Estrategias y herramientas para la disciplina, el entrenamiento para ir al baño, las rutinas de sueño y el manejo de las emociones de los niños pequeños

Por: William Harding

© El contenido de este libro no puede reproducirse, duplicarse ni transmitirse sin el permiso directo por escrito del autor o del editor.

Bajo ninguna circunstancia se podrá culpar o responsabilizar legalmente a la editorial, o al autor, por daños, reparaciones o pérdidas monetarias debidas a la información contenida en este libro. Ya sea directa o indirectamente. Tú eres responsable de tus propias elecciones, acciones y resultados.

Aviso legal:

Este libro está protegido por derechos de autor. Este libro es solo para uso personal. No se puede modificar, distribuir, vender, utilizar, citar o parafrasear ninguna parte, ni el contenido de este libro, sin el consentimiento del autor o del editor.

Aviso de exención de responsabilidad:

Por favor, ten en cuenta que la información contenida en este documento tiene solo fines educativos y de entretenimiento. Se ha hecho todo lo posible por presentar una información precisa, actualizada, fiable y completa. No se declaran ni se implican garantías de ningún tipo. Los lectores reconocen que el autor no se dedica a prestar asesoramiento jurídico, financiero, médico o profesional. El contenido de este libro procede de diversas fuentes. Por favor, consulta a un profesional titulado antes de poner en práctica las técnicas descritas en este libro.

Al leer este documento, el lector acepta que, bajo ninguna circunstancia, el autor es responsable de ninguna pérdida, directa o indirecta, en la que se incurra como resultado del uso de la información contenida en este documento, incluidos, entre otros, — errores, omisiones o inexactitudes.

¡Justo para ti!

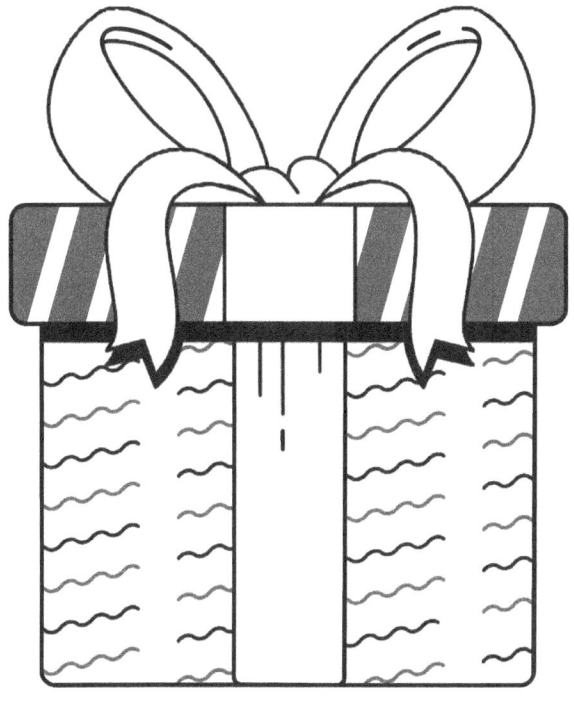

UN REGALO GRATIS PARA NUESTROS LECTORES

Plan de **acción** en **10 pasos** que puedes descargar ahora. ¡Siéntete confiado y preparado para tu recién nacido desde ahora!

http://williamhardingauthor.com/

Índice

Introducción vi

Capítulo 1
Sumergiéndote en la Reserva Genética: Naturaleza vs. Crianza, Personalidad e Indicadores del Desarrollo 10

Capítulo 2
Las 3 P del entrenamiento para ir al baño: Cómo saber cuándo ha llegado la hora de ir al baño de tu hijo pequeño 25

Capítulo 3
Comedores quisquillosos anónimos: Cómo sobrevivir a los gustos selectivos de tu hijo pequeño 35

Capítulo 4
Las batallas para dormir: Estrategias que puedes utilizar para resolver los problemas relacionados con el sueño 48

Capítulo 5
¡Busca refugio! El Tornado de los "Terribles 2" ya está aquí 61

Capítulo 6
Lidiando con la disciplina: Técnicas para enseñar a tu hijo pequeño las consecuencias con compasión 71

Capítulo 7
Cultivando el carácter y construyendo mejores seres humanos 82

Capítulo 8
Reunión cerca del pequeño enfriador de agua: Por qué es esencial socializar a tu hijo pequeño 94

Capítulo 9
Caos de ropa y guerras de vestuario: Cómo vestir a tu hijo pequeño con éxito 106

Capítulo 10
 T.I.M.E. para mí: La mejor forma de que los padres practiquen el autocuidado 116

Capítulo 11
 Todo piloto necesita un copiloto: cómo ser padre con un compañero(a) 127

Conclusión 137

Reseñas 145

Únete a la Comunidad del Club de Papás 146

Referencias 147

Introducción

Imagínate esto: suena el despertador a las 6 de la mañana, un sonido que te da pavor, y entras a toda prisa en la cocina para prepararte una taza de café. Cuando tus pies tocan el suelo de linóleo y empiezas a planificar mentalmente tu mañana, observas un extraño rastro de baba marrón y roja que llega hasta tu refrigerador. Frunces las cejas, te agachas, pasas el dedo por el residuo pegajoso y hueles el aroma de los cacahuetes.

"Bueno, al menos solo es mantequilla de cacahuete", suspiras, limpiándote la mano en una toallita de papel. Avanzas, medio dormido todavía, y te preguntas cómo ha podido tu hijo llegar hasta la crema de cacahuete. Al abrir la puerta del frigorífico, ves que tu pequeño chef ha preparado un bocadillo de mantequilla de cacahuete y mermelada utilizando tu corbata favorita como pan. Te frotas las sienes, miras la valla para bebés que olvidaste cerrar y empiezas a limpiar. Así empieza otro día en Papálandia.

Aunque pueda sonar ridículo para quien no sea padre, esta situación es una mañana normal para el padre de un niño revoltoso. Lo más probable es que ahora mismo te sientas como un ciervo atrapado en los faros de la paternidad. Los adorables arrullos y las sonrisas desdentadas de la infancia han desaparecido, y la turbulencia de los infantes ha llegado a tu puerta. Es probable que últimamente te hayas encontrado luchando con un bombardeo de dilemas, y puede que te estés preguntando si reír, llorar o simplemente rendirte y empezar a comerte el sándwich artesanal de mantequilla de cacahuete y seda de tu hijo.

Hacer malabares con el trabajo, la pareja y las responsabilidades paternales puede dejar al hombre más fuerte al borde de la locura. Pero créeme, no estás solo. Millones de padres y yo hemos superado esta etapa de la paternidad. Es perfectamente normal sentirse frustrado, nervioso e incluso aterrorizado. Muchos padres se han visto inmersos en el caos de la infancia, tirándose de los pelos y cuestionando sus habilidades como padres.

Pero oye, ¡para eso estás aquí! A todo el mundo le viene bien que le echen una mano de vez en cuando, y con este libro espero compartir algunos de los consejos que he aprendido a lo largo de mi trayecto como padre. Como ávido escritor y 'cerebrito' desde hace mucho tiempo, siempre he sentido la necesidad de investigar y tomar notas sobre mis experiencias; mi etapa como padre no ha sido diferente. Lo que he reunido aquí es un manual de supervivencia para padres de niños pequeños, con todas las estrategias prácticas que necesitas para superar los retos de la paternidad en la vida real. Además, he incluido una serie de "trucos" en cada capítulo que puedes utilizar para hacerte la vida más fácil.

Algunas de las habilidades que compartiré incluyen:

- Cómo determinar la predisposición a partir de la genética de tu hijo pequeño
- Las 3 P del entrenamiento para ir al baño
- Cómo tratar a un niño quisquilloso con la comida
- Soluciones para ayudar a dormir a tu hijo pequeño
- Las mejores formas de superar los terribles dos años
- Tácticas disciplinarias positivas y empáticas

- Técnicas para inculcar rasgos de personalidad valiosos
- Estrategias de socialización
- Guardarropas rápidos y prácticos
- Cómo evitar el agotamiento y encontrar tiempo para el cuidado personal
- Los mejores métodos para colaborar con un co-padre o una co-madre

La información que contiene este libro es el resultado de años de triunfos, fracasos, risas y lágrimas. Todo lo que está escrito aquí que no procede de mi investigación está sacado de mis experiencias como padre de tres niñas preciosas, a veces terriblemente traviesas. Es la sabiduría que me gustaría haber tenido cuando era padre primerizo, mirando con los ojos muy abiertos a mi primera hija y preguntándome: "¿Y ahora qué?". He cometido los errores que a ti te aterroriza cometer y he salido del otro lado más fuerte y más sabio. Ahora deseo compartir esa sabiduría contigo.

Antes de tener los conocimientos que estoy a punto de compartir, los años de la primera infancia eran un laberinto de incertidumbre y confusión. Pero una vez que encontré estas estrategias y técnicas probadas, la niebla de la inseguridad se disipó y las cosas se volvieron sorprendentemente manejables. Aunque puede que ahora mismo estés estresado, luchando con problemas concretos o discutiendo con tu pareja, confío en que la información de estas páginas pueda cambiar esa situación.

Después de leer este libro, serás capaz de navegar por los tumultuosos años de la primera infancia con una confianza recién descubierta. Imagínate a ti mismo equilibrando sin esfuerzo el trabajo, la diversión y la paternidad, rebosante de una nueva capacidad como padre. Imagínate co-criando en armonía con tu pareja, dejando a un lado los conflictos y las tensiones. Esa es la vida que te espera al final de este libro.

Deja que estas páginas te acompañen mientras atraviesas los altibajos de la paternidad. Esta guía puede ofrecerte apoyo, consejos y (espero) una buena carcajada cuando más lo necesites. Juntos, nos aseguraremos de que no solamente sobrevivas, ¡sino que prosperes! Así que abróchate el cinturón, agárrate bien y prepárate para un viaje desenfrenado. Es hora de navegar por la emocionante aventura que supone criar a un niño pequeño.

¡Empecemos!

Capítulo 1

Sumergiéndote en la Reserva Genética: Naturaleza vs. Crianza, Personalidad e Indicadores del Desarrollo

Antes de que naciera nuestra primera hija, mi esposa y yo hablábamos constantemente de a quién se parecería más nuestra hija. ¿Tendría los impresionantes ojos y la larga melena de mi mujer? ¿Heredaría mi estatura y sobresaldría por encima de los demás niños? Y lo más importante, ¿sabría encestar? También consideramos la posibilidad de que nuestra hija no se pareciera en nada a nosotros (¡lo cual estaría perfectamente bien!), pero secretamente esperábamos, como muchos padres, que tuviera una mezcla de los mejores rasgos que ambos podíamos ofrecer.

Cuando llegó nuestra hija, nos quedamos asombrados de lo mucho que se parecía a nosotros dos, hasta en sus pequeñas peculiaridades. Su sonrisa era idéntica a la de mi mujer, capaz de iluminar la habitación en los días más sombríos. Nuestra hija también fruncía el ceño cuando se sentía frustrada, algo que yo he hecho desde que era joven. A medida que crecía, me di cuenta de que las similitudes no terminaban ahí, y empecé a sentir curiosidad. ¿En qué medida influyeron la genética y su ambiente en su personalidad y desarrollo? Para responder a esta pregunta, empezaremos por examinar el papel que puede desempeñar la genética en el desarrollo de tu hijo.

¿Qué papel juegan los genes?

Los genes no son responsables únicamente del color de los ojos de tu hijo o de su estatura; tienen un impacto mucho más significativo en su crecimiento, comportamiento y desarrollo. Desde su forma de pensar hasta su manera de socializar, la genética puede influir mucho en el tipo de persona que será tu hijo cuando crezca.

He aquí algunas de las funciones que desempeña la genética en el desarrollo de los niños pequeños:

- **La forma en que están programados sus cerebros**: Los factores genéticos pueden influir en el cerebro de muchas maneras, afectando a los procesos de aprendizaje, la memoria, la capacidad de atención e incluso la regulación emocional. Los genes pueden ser la razón de que tu angelito se vuelva un pequeño tirano cuando tiene hambre, de que se convierta en una mariposa social durante el recreo y de que a veces se frustre fácilmente.

- **Cómo influyen e interactúan con los demás:** Los genes también pueden determinar cómo influyen nuestros hijos en los demás. Por ejemplo, un bebé feliz y sonriente puede obtener más interacción social y reforzamiento positivo que uno propenso a los ataques de llanto. En cambio, un niño un poco más tímido puede tener dificultades para ser sociable. Otro ejemplo sería un niño con poco autocontrol; debido a este rasgo genético, es más probable que experimente frustración por parte de los cuidadores o castigos por romper las reglas.

- **Cómo responden a su ambiente:** Los genes de nuestros pequeños también pueden definir cómo responden a su ambiente, lo que puede influir significativamente en el ritmo al que alcanzan ciertos hitos del desarrollo. Un niño puede ponerse histérico en cuanto un perro empieza a ladrar, mientras que otro puede corretear porque asocia un cachorro con la hora de jugar. Toma nota de cómo interactúa tu hijo con los distintos estímulos, sobre todo en situaciones estresantes. Esto puede permitirte crear un ambiente que se adapte a sus necesidades específicas o abordar problemas de comportamiento que puedan obstaculizarle en el futuro.

- **Su nivel de curiosidad e interés:** Los genes pueden influir en hasta qué punto nuestros hijos buscan nuevas experiencias y qué actividades prefieren. Puede que descubras que a tu hijo le deslumbra el brillo visual de un espectáculo de fuegos artificiales, pero que no es capaz de quedarse sentado durante la hora del cuento. También es posible que tu hijo pequeño corra con frecuencia a buscar el mueble más cercano para trepar, mientras que otro niño se contenta con sentarse y dibujar durante horas y horas. Observa cómo exploran tus hijos y qué actividades prefieren, y anímales a aprender más sobre las cosas que les gusta hacer.

A pesar de la importancia de la genética en el desarrollo infantil, no es el todo. Aunque tu hijo pequeño puede haber heredado ciertos rasgos y tendencias, es importante recordar que puedes ayudar a moldear su comportamiento trabajando con sus características y disposición naturales. La mejor forma de hacerlo es comprendiendo la variedad de temperamentos y rasgos de personalidad que puede tener tu hijo.

Tipos de temperamento y rasgos de personalidad

Cada niño pequeño está formado por una combinación única de movimientos, patrones de sueño, estados de ánimo y sensibilidades. El temperamento de tu hijo estará definido por una serie de factores; en muchos casos, estos factores determinan cómo se comporta en distintas situaciones. Si comprendes estos rasgos y cómo se aplican a tu pequeño, podrás ajustar tu estilo de crianza para garantizar que apoyas su crecimiento de la mejor manera posible.

- **Nivel de actividad:** ¿Qué tanto se mueve tu pequeñín? ¿Parece rebotar contra las paredes, o es perfectamente feliz sentado viendo una película? Averiguar si tu hijo tiene un nivel de actividad alto o bajo puede ayudarte a determinar qué actividades planificar, decidir qué juguetes comprar e incluso mostrarte qué tipo de carreras puede querer seguir más adelante.

- **Ritmos biológicos:** Comer, dormir y, sí, incluso hacer popó. Tu hijo se acomodará a diversos patrones que (con suerte) harán más fácil predecir sus necesidades naturales. Esto puede llevar algún tiempo, y es importante que no te inquietes. Tu hijo puede pasar por fases en las que su sueño sea más errático, quiera comer a horas extrañas o cambie de pañal a un ritmo espantoso. Comprender sus ritmos y guiarles hacia pautas más sanas no solo puede ayudarles a desarrollarse, sino también a mantener tu cordura.

- **Acercamiento y tendencia a retraerse:** ¿Tiende tu hijo a acercarse a situaciones o personas nuevas con entusiasmo, o se retrae a la vista de estímulos potencialmente estresantes? Algunos niños pequeños se lanzan de cabeza a lo desconocido (lo que puede ser tanto beneficioso como perjudicial), mientras que otros pueden mostrar cautela cuando se les presenta algo o alguien nuevo. Averiguar el nivel de aproximación que muestra tu hijo puede ayudarte a mantenerlo a salvo. Por otra parte, si parece demasiado reservado, puede ayudarte a guiarle para que salga de su caparazón e interactúe más con el mundo que le rodea.

- **Estado de ánimo:** Aunque es improbable que los niños pequeños tengan pleno control de sus emociones, tu hijo tenderá a mostrar determinados patrones de estado de ánimo. Tu hijo pequeño puede ser constantemente una bolita de sol, sonriendo alegremente mientras deja caer la comida de su silla alta al tiempo que tú te preparas trabajosamente el café de la mañana. Por otra parte, tu hijo puede ser un poco más gruñón, propenso a llorar o a enfadarse rápidamente. Ninguna de las dos disposiciones es la "correcta"; lo más probable es que tu hijo pase por fases en las que muestre una o ambas con frecuencia.

- **Reactividad, sensibilidad y distracción:** ¿Cómo interactúa tu hijo con los distintos ambientes? ¿Tienen reacciones fuertes o saltan enseguida a grandes manifestaciones emocionales? ¿Tienden a ser sensibles a determinados sonidos, olores y alimentos? ¿Son capaces de concentrarse, incluso en un espacio caótico? Averiguar cómo reacciona tu hijo ante distintas situaciones, a qué estímulos es más sensible y cuál es su capacidad de atención son todos componentes esenciales para diseñar tu estrategia de crianza única.

- **Persistencia y Adaptabilidad:** Estos rasgos tienen que ver con cómo reacciona tu hijo cuando se le presenta un reto o una situación nueva. Puede que te des cuenta de que tiende a persistir incluso cuando una tarea es complicada. Esto suele ser bueno, a menos que esa tarea consista en untar mantequilla de cacahuete en cada centímetro de la encimera de tu nueva cocina (un proyecto que mi hija aceptó encantada). También puedes descubrir que tu hijo puede adaptarse a las situaciones si la solución no es obvia. De nuevo, esto es genial en teoría. No lo es tanto si se adapta a que escondas la mantequilla de cacahuete en el estante superior continuando su proyecto de pintura con cualquier otro líquido que encuentre. Aprender lo persistente y adaptable que es tu hijo es estupendo para decidir qué retos plantearle. Desgraciadamente, también puede obligarte a aprender a limpiar la mantequilla de cacahuete de los lugares de difícil acceso debajo del horno.

Es importante recordar que todos estos rasgos existen en un espectro, y es probable que tu hijo no encaje perfectamente en ninguna categoría concreta. Una vez más, la genética puede establecer la línea de base para algunos de ellos, pero en general, su ambiente desempeñará un papel importante en la formación de su comportamiento a medida que crecen. Aunque la genética puede ser importante, también es nuestra labor como padres comprender a nuestros hijos y crear ambientes que trabajen con sus rasgos de personalidad, no contra ellos.

Cómo crear un ambiente adecuado para tu hijo pequeño

Utilizando lo que has aprendido sobre las predisposiciones y rasgos genéticos de tu hijo, puedes crear un ambiente que se adapte perfectamente a sus necesidades y tendencias naturales. Ahora bien, la forma de hacerlo depende totalmente de ti, pero el entorno que construyas debe basarse en el amor, el cuidado y el refuerzo positivo. Esto ayudará a mantener alta la autoestima de tu hijo pequeño y le dará la seguridad emocional que necesitará para explorar cómodamente. También querrás modelar el buen comportamiento en tus propias acciones y ambiente, ya que los niños suelen imitar a sus padres. Mantenerte paciente y positivo en tus interacciones (incluso en las que no son directamente con tu hijo) puede animarles a tener una actitud similar.

He aquí un par de consejos que puedes utilizar para asegurarte de que el ambiente físico y emocional que estás creando está óptimamente diseñado para animar el crecimiento y el desarrollo.

Consejo #1: *Crea "Zonas" dentro y fuera de tu casa*

Una forma de sentar las bases de un buen ambiente físico es establecer varias "zonas" en las que tu hijo pueda crecer. Estas zonas pueden diseñarse como tú quieras, y deben crearse teniendo en cuenta la personalidad única de tu hijo. Un ejemplo sería la "Zona Sí", un lugar donde tu hijo puede explorar a su antojo sin riesgo de peligro. Esta zona puede tener juguetes educativos, libros y espacios donde pueda moverse y aprender a interactuar con diversos objetos. Una "Zona Sí" puede ayudar a tu hijo a desarrollarse cognitivamente, además de permitirle expresarse de forma creativa. Es importante que esta zona esté totalmente a prueba de niños pequeños: es decir, sin esquinas puntiagudas, sin alturas a las que puedan subirse y desde las que puedan caerse, y sin utensilios peligrosos que puedan agarrar.

Esta zona será perfecta para aumentar la independencia de tu hijo, ya que podrás dejar que la explore sin necesidad de supervisión constante. Esto también puede aumentar su capacidad para regular sus propias emociones. Tu hijo tendrá que aprender a gestionar sus sentimientos e impulsos sin tener que buscar constantemente tu apoyo, lo cual es una habilidad inestimable que aprenderá a medida que crezca. Dicho esto, probablemente siga siendo una buena idea tener una cámara o monitor de bebé contigo para que puedas echarle un vistazo con frecuencia.

Otro ejemplo de zona, que probablemente estará en el exterior, es la zona "física". Aquí debería tener todo lo que necesita para trepar, jugar y corretear. Mantenerse activo es importante para todas las edades; para tu hijo pequeño, jugar es una forma estupenda de ayudarle a desarrollar su motricidad gruesa. Y no solo eso, sino que dejar que tu hijo queme su energía desbordante puede hacer que la hora de acostarse sea mucho más llevadera.

También puedes unirte a ellos en sus aventuras, bailando o corriendo con ellos para reforzar su vínculo.

Consejo #2: *Establece rutinas, pero no obstaculices la independencia*

Parte del ambiente que crees para tu hijo dependerá de un cuidadoso equilibrio entre una rutina planificada y la libertad de dejarle elegir algunos aspectos de su propia vida. Es importante establecer límites y crear una rutina que tu hijo deba seguir. Esto les enseña que hay ciertas normas que necesitarán cumplir a medida que crezcan y les ayuda a comprender las consecuencias que se derivan cuando se rompen esas reglas. Las rutinas también pueden ser reconfortantes para los niños y añaden un elemento de previsibilidad a sus vidas (y a la tuya). Las horas regulares de comer, acostarse y jugar ayudarán a que tu hijo adopte un ritmo familiar que hará que su vida diaria sea mucho más fluida.

Aunque las rutinas y los límites son esenciales, deberás asegurarte de que no sean demasiado rígidos. Tu hijo pequeño acabará convirtiéndose en un adulto que tendrá su propio sentido de la identidad y tomará sus propias decisiones. Puedes sentar las bases de esa futura independencia dejándole elegir ciertos elementos de su ambiente. Si se acerca la hora de la merienda, deja que elija entre dos meriendas diferentes. Si la hora de acostarse suele venir acompañada de un cuento, deja que seleccione entre varios títulos diferentes. Refuerza positivamente a tu hijo cuando elija, pues así se animará a tomar más decisiones en el futuro. Además de eso, la elección también puede hacer que una actividad que a tu hijo generalmente le disgusta le resulte un poco más fácil. Si tu hijo odia el baño, pero le dejas elegir los juguetes para el baño, ¡te sorprenderá lo rápido que cambia su actitud!

Consejo #3: *No te olvides de las citas para jugar*

La socialización es crucial para los niños pequeños, y querrás organizar citas para jugar o unirte a grupos que permitan a grupos de niños jugar juntos de forma segura. Estos eventos pueden ayudar a reforzar muchas de las lecciones que tu hijo ha aprendido, así como a ampliar su capacidad para comunicarse y resolver problemas. Podrás ver si tu hijo es capaz de seguir las normas establecidas en torno al tiempo de juego (no pegar, compartir juguetes, etc.) y controlar sus respuestas emocionales a distintos estímulos. Una vez más, aquí es donde resulta útil conocer sus rasgos de personalidad y su disposición. Si tu hijo es tímido, puedes aprovechar este momento para animarle a salir un poco de su caparazón. Si a tu hijo le cuesta compartir, puedes utilizar las reuniones para ayudarle a deshacerse de este mal hábito.

Las actividades de una cita o grupo de juego pueden variar. Es bueno tener a mano una actividad creativa, como pintar con los dedos, así como una actividad física que puedan realizar con seguridad en el área habilitada. Este tiempo también puede servirte para conversar con otros padres. Pueden hablar de los distintos retos o estrategias que han utilizado en su crianza, discutir consejos que puedan tener unos y otros sobre cómo afrontar problemas específicos de los niños pequeños, e incluso compartir ciertos materiales, como ropa usada o juguetes viejos. También se puede dejar de hablar de bebés, ya que demasiado puede resultar abrumador. Comenten los programas de televisión que han visto, los equipos deportivos que siguen o los próximos viajes que han planeado con su cónyuge. Recuerda que tu hijo pequeño no es el único que necesita socializar.

Logros fundamentales en el desarrollo del infante

Aunque tanto los genes como el ambiente tendrán un papel importante en el desarrollo de tu hijo pequeño, recuerda que cada niño es único. Puede que tu hijo no tenga exactamente los mismos logros evolutivos que otro, o que los alcance a un ritmo diferente. Así que, aunque se trate de indicadores, no son inamovibles; funcionan más bien como una guía.

Dicho esto, a continuación he proporcionado un marco general para los tipos de logros y plazos que puedes ver durante el desarrollo de tu hijo. Este marco se divide en cuatro categorías diferentes: desarrollo físico, desarrollo del lenguaje, desarrollo cognitivo y desarrollo social/emocional.

Logros del desarrollo físico

Cuando se trata de avances físicos, tu pequeño te sorprenderá con sus nuevas habilidades. Pronto desaparecerán los días en que podías estar seguro al 100% de que tu hijo estaba exactamente donde lo habías dejado (¿hurra?). Desde los primeros pasos tambaleantes hasta escalar muebles como un pequeño Hombre Araña, esto es lo que puedes esperar:

- **12 meses:** Camina (con ayuda), se agarra a los muebles, toma trozos de comida con el pulgar y el dedo índice.
- **12-18 meses:** Da algunos pasos sin ayuda, sujeta crayones, dibuja y garabatea, construye torres de bloques.
- **18-24 meses:** Camina durante largos periodos de tiempo sin ayuda, se sube a las sillas sin ayuda, intenta utilizar una cuchara.
- **24-36 meses:** Corre, se sube a los muebles o al equipo del parque infantil, alterna los pies al subir escaleras, salta con

los dos pies, se pone de puntillas, da patadas a pelotas de juguete, intenta usar un tenedor, muestra interés por usar el baño y el entrenamiento para ir al baño.

Puedes ayudar a tu hijo pequeño a alcanzar estos logros evolutivos permitiéndole realizar actividades físicas de forma segura. Únete a él/ella para correr, bailar, pintar y jugar, ya sea dentro o fuera de casa. Asegúrate de mantener los espacios de juego libres de objetos peligrosos y vigílalos de cerca (sobre todo en las primeras etapas).

Logros en el desarrollo del lenguaje

Los hitos del lenguaje se refieren a la creciente capacidad de tu hijo para comprender y expresarse, ya sea mediante la comunicación verbal (palabras, gestos, etc.) o no verbal. A lo largo de estas etapas irás aprendiendo poco a poco el estilo de comunicación de tu hijo, lo que puede ayudarte a seguir apoyando su desarrollo lingüístico.

- **12 meses:** Repite e imita las palabras o sonidos que oye (¡así que ten cuidado con lo que dices!).
- **12-18 meses:** Dice palabras sueltas como "mamá" y "papá", se comunica mediante gestos como saludar con la mano y asentir con la cabeza.
- **18-24 meses:** Comprende y sigue instrucciones sencillas, señalando objetos o dibujos cuando se le pregunta.
- **24-36 meses:** Utiliza frases sencillas para comunicarse y responder a preguntas sencillas. Algunos ejemplos son "Más comida, por favor" o responder a preguntas como "¿Cómo te llamas?". Los niños pequeños también pueden empezar a entablar conversaciones breves durante este periodo.

Hay varias formas de estimular este tipo de desarrollo, como hablar a menudo con tu hijo pequeño, leerle libros permitidos e incluirle en conversaciones con otros niños y adultos.

Logros del desarrollo cognitivo

El desarrollo cognitivo de tu hijo definirá su capacidad para resolver problemas, aprender nuevos temas y comprender el mundo que le rodea. También será la etapa en la que empiecen a comprender la idea de la planificación a corto plazo (que, para mi hija, consistía en dejar sus legos justo en el lugar adecuado, para que siempre consiguiera pisarlos).

Estos son algunos de los principales logros a nivel cognitivo que puedes esperar.

- **12 meses:** Explora y empieza a comprender las relaciones causa-efecto. Un ejemplo de esto sería la respuesta que tienen los juguetes electrónicos al tacto (es decir, pulsan un botón y empieza a sonar música).

- **12-18 meses:** Reconoce el aspecto, el tacto y el nombre de objetos familiares, identifica a personas conocidas y participa en la resolución de problemas sencillos (como sacar una galleta de un tarro de galletas).

- **18-24 meses:** Imita ciertos comportamientos (como copiar los movimientos que realizas al barrer o hacer otras tareas), juega con juguetes de forma sencilla.

- **24-36 meses:** Muestra más interés por los cuentos, participa en juegos más complejos (solo o con otros niños), desarrolla la comprensión de las emociones de los demás y empieza a entender el concepto de tiempo.

Es importante proporcionar a tu hijo tantas oportunidades como sea posible para explorar y relacionarse con su ambiente, así como darle los rompecabezas, juguetes y materiales de arte adecuados que necesita para ampliar su creatividad y su capacidad para resolver problemas.

Logros del desarrollo social y emocional

La capacidad de tu hijo para expresar y regular sus emociones, así como su forma de relacionarse, crecerán rápidamente durante este periodo. Algunos indicadores del desarrollo de esta categoría son:

- **12 meses:** Muestra afecto por sus padres y otras personas conocidas, juega a juegos sencillos como el pastel de patatas.

- **12-18 meses:** Aprende a afrontar la angustia de la separación de los padres o cuidadores, empieza a participar en juegos paralelos (jugar sin influir en los demás) mientras socializa con otros niños.

- **18-24 meses:** Desarrolla la empatía y las respuestas adecuadas hacia los demás, establece preferencias por determinadas actividades y juguetes, o juega con varios juguetes a la vez.

- **24-36 meses:** Amplía su sentido de la independencia y la autonomía, participa en juegos cooperativos con otros niños, aprende a expresar emociones verbalmente (como frases sencillas), desarrolla amistades con otros niños.

Una de las grandes formas de ayudarles a desarrollarse en esta categoría es modelar el comportamiento que deseas que muestren. Ten paciencia cuando tu hijo tenga ataques de llanto o arrebatos, e intenta ayudarle a comprender sus sentimientos. Esto puede contribuir en gran medida al desarrollo de la empatía y la autorregulación emocional.

De piscina al orinal: Hablemos de baños

Un acontecimiento importante que muchos padres esperan con impaciencia es la transición de los pañales al entrenamiento para ir al baño. Ahora que sabemos un poco más sobre genética, ambientes e hitos del desarrollo, hablemos de algo que todos los padres esperan con impaciencia: ¡Se acabaron los pañales! En nuestro próximo capítulo, hablaremos de las mejores formas de reconocer que tu hijo está preparado para el aprendizaje para ir al baño, de las 3 P del aprendizaje para ir al baño y de algunos conceptos erróneos comunes que puedes tener sobre el proceso.

Trucos para papás del Capítulo 1

Truco #1 sobre el desarrollo: Acepta a tu hijo como alguien único. Tu hijo pequeño no va a ser exactamente igual que cualquier otro niño del planeta, ¡y eso es bueno! Conocer los puntos fuertes y débiles únicos de tu hijo te ayudará a apoyarle en su desarrollo.

Truco #2 sobre el desarrollo: No temas cambiar tu estilo. Puede que descubras que tu hijo (ya sea por genética o por el ambiente) no responde a ciertos elementos de tu estilo de crianza. ¡Nunca tengas miedo de cambiar!

Truco #3 sobre el desarrollo: Crea el ambiente más acogedor posible. Aunque los límites y la disciplina son importantes, no olvides dar prioridad a los elogios, la positividad y el ánimo. Cuanto más afectuoso sea el ambiente, más cómodo se sentirá tu hijo a la hora de avanzar por los distintos logros de su desarrollo.

Truco #4 sobre el desarrollo: Dale espacio para ser independiente. Asegúrate de dejar que tu hijo tome algunas decisiones sencillas y realice determinadas tareas con una supervisión limitada. La independencia solo será más importante a medida que crezcan, y crear los cimientos ahora puede facilitar este proceso más adelante.

Truco #5 sobre el desarrollo: La paciencia es clave. Puede que a tu hijo le cueste alcanzar ciertos puntos de referencia del desarrollo, y eso está perfectamente bien. También puede que tengas dificultades para encontrar un estilo de crianza que funcione, y tampoco pasa nada. Ten paciencia con él/ella y contigo mismo, y recuerda que la paternidad es un viaje en constante evolución.

Capítulo 2

Las 3 P del entrenamiento para ir al baño: Cómo saber cuándo ha llegado la hora de ir al baño de tu hijo pequeño

Aunque pueda parecer insignificante para alguien sin hijos, cualquier padre conoce la importancia del paso del "entrenamiento para ir al baño". Con cada una de nuestras tres hijas, mi esposa y yo esperábamos con impaciencia el día en que ya no tendríamos que cargar con la bolsa de los pañales en los viajes ni buscar frenéticamente un cambiador. Pero, por supuesto, el proceso de entrenamiento para ir al baño puede ser una tarea en sí misma, y es normal que a los niños les cueste superar este obstáculo.

De hecho, según el libro *La Solución Para El Entrenamiento Sin Llanto: Maneras Gentiles de Ayudar a tu Hijo a Decir Adiós a los Pañales*, de Elizabeth Pantley, **el 80% de los niños** experimenta contratiempos durante el proceso de capacitación para ir al baño. Puedo decirte por experiencia que esta estadística puede ser mayor; cada una de nuestras hijas tuvo sus propias dificultades durante la capacitación para ir al baño. Algunos de los problemas a los que se enfrentaron pueden deberse a que, en algunos casos, no estaban del todo preparadas para dejar los pañales. Por eso, es esencial que busques las señales que indiquen que tu hijo está preparado para la transición al ámbito del baño.

4 señales de que tu hijo está preparado para el entrenamiento para usar el inodoro

Señal #1: *Irrumpe en el baño*

La curiosidad por el baño es una de las primeras señales que verás de que tu hijo pequeño puede estar preparado para la capacitación para ir al baño. Puede que lo notes buscando por los alrededores, pidiendo sentarse en el retrete o simplemente abriendo la puerta del baño cada vez que te olvidas de cerrarla. Aunque tener que invadir el cuarto de baño puede ser frustrante, asegúrate de animar esta curiosidad (al tiempo que estableces los límites adecuados). Explícales cómo funciona el inodoro, cómo se usa el papel higiénico y haz que se sientan cómodos con la idea de usar el baño por sí mismos.

Señal #2: *Empiezan a sobrepasar los pañales*

Otra señal que notarás es que tu hijo pequeño está empezando a superar los pañales, tanto física como mentalmente. Puede que empiecen a sentirse molestos con la sensación de un pañal sucio, y posiblemente intenten quitárselos por su cuenta. Esto puede implicar que pregunte cómo subirse y bajarse los pantalones, otro paso importante en la preparación para el entrenamiento para ir al baño. Además, puede que notes que sus pañales permanecen secos mucho más tiempo de lo habitual. Una buena regla general es que cualquier tiempo superior a 2 horas significa que tu hijo está desarrollando el control de la vejiga y los intestinos (o que estaba en medio de un maratón de Peppa Pig y no quería levantarse). Los pañales secos pueden indicar que está listo para subir al trono de porcelana. Asegúrate de darles un refuerzo positivo durante todos estos pasos, ya que esto puede hacer que su transición hacia el entrenamiento sea mucho más fácil.

Señal #3: *Más comunicación a la hora de ir al baño*

Puede que tu hijo empiece a comunicar sus necesidades de ir al baño con más frecuencia, haciéndote saber a ti y a tu pareja que necesita "ir" con una combinación de palabras, expresiones faciales o gestos. Esto demuestra que está empezando a comprender los sentimientos asociados a la hora de ir al baño y que puede estar preparado para lecciones introductorias. Estas lecciones pueden consistir en darles instrucciones sencillas, como "Enséñame cómo llegar al baño" o "Vamos a sentarnos en el orinal". (o, si tratas con mis hijas, "Por favor, deja de hablar de caca en la mesa, que tenemos invitados"). Bromas aparte, estas conversaciones abiertas y sinceras sentarán las bases para un entrenamiento más a fondo para ir al baño más adelante.

Señal #4: *Parecen físicamente preparados e interesados en aprender a ir al baño*

Los niños pequeños necesitan alcanzar cierto nivel de desarrollo físico antes de poder ir al baño con seguridad y eficacia. Debes asegurarte de que tu hijo puede sentarse y andar sin ayuda antes de plantearte empezar el proceso de capacitación para ir al baño. También es importante que tenga un cierto nivel de coordinación y control de su motricidad fina, ya que necesitará poder quitarse la ropa, mantener el equilibrio mientras está sentado, utilizar el papel higiénico y accionar la palanca del inodoro. Además, debes asegurarte de que están preparados mentalmente. Una señal con la que nos topamos con nuestra hija pequeña fue que nos dijo que "quería ser una niña grande" y usar el orinal. Esto es sorprendentemente frecuente, ya que muchos niños quieren imitar los comportamientos de sus padres y de otras personas de su entorno. Te ven ir al baño, ¡así que ellos también quieren!

Las 3 Ps: Preparación, Práctica y Refuerzo Positivo

Una vez que hayas determinado que tu hijo está preparado, es hora de iniciar el proceso de entrenamiento para ir al baño. Este proceso puede dividirse en tres categorías distintas: preparación, práctica y refuerzo positivo. Ahora bien, no se trata de una serie de instrucciones fijas, ya que es posible que tu hijo no progrese linealmente a través de este proceso. Así que no dejes que se frustre si tiene dificultades con un aspecto. En lugar de eso, pasa a otro tema y vuelve a él cuando haya tenido tiempo de asimilar la información. De momento, empecemos por la primera P: Preparación.

Preparación: Hablando sobre el baño con tu hijo pequeño

Para iniciar el proceso de preparación, querrás entablar un diálogo con el niño respecto al baño y conseguirle su propio mini trono. Compra un orinal de entrenamiento para niños y colócalo en tu cuarto de baño, luego dale tiempo a tu hijo para que se sienta cómodo con él. Incluso puedes dejar que elija uno por Internet o en una tienda; esto generará aún más interés en el proceso de entrenamiento. El objetivo es que se acostumbre a la idea de que esta bacinica es lo que debe asociar con el momento de ir al baño.

También querrás tener una conversación franca sobre las funciones corporales. Sí, eso significa que ha llegado el momento de presentarles palabras como "pipí" y "popó", que te garantizo que dirán sin parar cada vez que estén esperando en la fila de una cafetería. Explícales (en términos sencillos) qué le ocurre a la comida después de comerla, cómo funciona el proceso de eliminación de residuos, y asegúrate de mencionar que todo el mundo (incluidos papá y mamá) ¡hace caca!

Hablando de que todo el mundo hace caca, leer libros sobre el entrenamiento para ir al baño es una forma excelente de ayudar a tu hijo pequeño a comprender mejor cómo funcionará a partir de ahora la hora de ir al baño. Puedes combinar este plan de estudios sobre el uso del inodoro con demostraciones, como tirar un pañal sucio al inodoro o (y sé que esto puede sonar un poco raro) llevarles al cuarto de baño mientras utilizas el retrete. Todo esto facilitará su tiempo futuro en las instalaciones y hará que la aplicación de las técnicas de entrenamiento para el uso del retrete sea mucho más fácil.

Práctica: ¡Ya casi es hora de dejar los pañales!

Ahora que tu hijo pequeño está familiarizado con el tema del inodoro, es hora de poner en práctica parte de esa información. Puedes empezar por sentar a tu hijo en el retrete con toda la ropa puesta, para que se vaya haciendo a la idea de usar el orinal. Mientras esté sentado, deja que haga preguntas e intenta discernir cuánto sabe sobre la hora de ir al baño. Según el tipo de orinal que elijas, puede tener todas las características de un baño normal, incluida una palanca para tirar de la cadena. Aunque todavía no lo utilicen, es bueno preguntarles si entienden cómo funcionan las distintas partes del inodoro para más adelante.

Otra actividad que necesitarán practicar es dejar de llevar pañales. Aunque puede que se estén cansando de ellos, los pañales han sido una parte importante de la vida de tu hijo pequeño durante mucho tiempo. Puede haber un periodo de adaptación durante el cambio a la ropa interior que puede provocar frustración y ataques de llano. No te preocupes. Es temporal y puede mitigarse de varias maneras. Una forma que nos funcionó fue dejar que nuestras hijas escogieran su propia ropa interior. Superhéroes, perritos, flores, cualquier estampado que les hicieran estar más interesadas en hacer el cambio.

Establecer un horario para ir al baño también puede ser útil, aunque tu hijo no tenga que ir. Anímalo a sentarse en el orinal después de comer o antes de irse a dormir; ser constante con esta rutina puede ayudarle a adaptarse al elemento independiente de ir al baño. El uso del baño "antes de acostarse" es especialmente importante. Yo tuve una noche en particular en la que estaba lavando las sábanas a las 3 de la madrugada, solo unas horas antes de un gran día de trabajo. Cuando cometí el error de decírselo a mi mujer, tuve que oír el simpático apodo de "Sábanas de caca" durante semanas. Así que no seas como yo; ¡asegúrate de que tus hijos hacen sus necesidades por la noche!

Refuerzo positivo: La clave son los abrazos y los "choca esos cinco"

Como en cualquier viaje, es importante mantener el buen ánimo de tu pequeño y hacerle saber que estás orgulloso de él. Como he dicho antes, es casi seguro que habrá contratiempos y accidentes por el camino. Es importante que no le regañes ni te enojes; tu hijo se esfuerza al máximo y la capacitación para ir al baño no es fácil. Cuando ocurran accidentes, asegúrate de mantener un tono ligero con respuestas como "No pasa nada, amiguito, ¡lo lograremos la próxima vez!" y "Esto le pasa a todo el mundo; no hay por qué preocuparse". El positivismo puede ayudar mucho a mantener a tu hijo en la buena ruta del entrenamiento para ir al baño.

Hablando de rastrear, puedes hacer un seguimiento de sus progresos y celebrarlo cuando alcancen ciertos logros. Crea una tabla colorida y deja que elijan calcomanías que puedan pegar en ella cada vez que vayan al baño. Celebra con un baile cada vez que se ponga una de estas etiquetas, y asegúrate de que tu hijo entiende lo importante que es su logro. Por supuesto, no conviene exagerar con estas celebraciones, pues tu hijo puede perder algo de entusiasmo o sentirse presionado para tener éxito. Pero marcarse metas y alcanzarlas no es solo una valiosa destreza para el entrenamiento para ir al baño; es una habilidad que podrá utilizar en casi todos los aspectos de su vida.

Mitos sobre el entrenamiento para ir al baño

Como ya habrás aprendido, al igual que ocurre con muchos aspectos de la crianza, hay mucha información errónea sobre la capacitación para ir al baño. Algunos de estos mitos existen desde hace siglos, mientras que otros han sido creados más recientemente por Internet y las redes sociales. He aquí algunas ideas erróneas comunes que podemos disipar sobre el proceso de entrenamiento para ir al baño:

Mito: *Debes empezar el entrenamiento para ir al baño a cierta edad*

Si sientes que te presionan para que empieces con el entrenamiento para ir al baño a una edad concreta, no te preocupes. Los niños se desarrollan a ritmos diferentes, y obligar a tu hijo a empezar su entrenamiento demasiado pronto puede causarle más contratiempos más adelante. En lugar de crear plazos arbitrarios, céntrate en asegurarte de que tu hijo está preparado para hacer esta transición. Puede ser difícil recordar esto cuando estás cambiando tu milésimo pañal sucio, pero créeme, precipitar las cosas no va a ayudar.

Mito: *Puedes realizar el entrenamiento para ir al baño en pocos días*

De la misma manera que empezar temprano, precipitarse en el entrenamiento para ir al baño solo traerá complicaciones. El proceso puede poner un poco a prueba tu paciencia y puede durar desde unas semanas hasta unos meses. Como gran parte de tu viaje como padre, esta tarea no estará exenta de desafíos. Tómatelo con calma y asegúrate de que tu hijo pequeño se siente cómodo. Una vez superada la línea de meta, podrás apreciar mucho más el logro, ¡créeme!

<u>Mito:</u> *Castigar a tu hijo puede hacer que aprenda más rápido*

Recuerda que la paciencia es la clave. Sí, es probable que haya momentos estresantes durante el entrenamiento para ir al baño que puedan frustrarte. Pero gritarle o castigar a tu hijo puede ser lo peor que hagas. Por un lado, puede asustarles y hacer que no superen los numerosos obstáculos del proceso de entrenamiento. También puede provocarles ansiedad por ir al baño, lo que podría significar que tendrás que cambiar pañales durante meses o años. Mantente positivo, anímate y enfócate en lo bueno más que en lo malo; al final, todo saldrá bien.

Qué no hacer durante el entrenamiento para usar el baño

Un error que cometí temprano fue deshacerme de los pañales demasiado pronto, lo que provocó algunos percances a lo largo del día y ocasionalmente por la noche. Incluso durante el entrenamiento para ir al baño, puede ser útil esperar un poco para deshacerse de los pañales, ya que pueden actuar como rueditas de entrenamiento durante las primeras etapas. Puede que tu hijo quiera deshacerse de ellos enseguida, pero es mejor ser precavido. De lo contrario, puedes encontrarte limpiando pantaloncitos varias veces al día.

Tampoco te conviene comparar los progresos de tu hijo con los de los hijos de tus amigos u otros padres de los grupos a los que pertenezcas. Recuerda que cada niño es diferente, y que tener dificultades con el aprendizaje para ir al baño no influye en tu capacidad como padre. Al igual que tu hijo se enfrentará a contratiempos y necesitará que le animen, tú también lo necesitarás. Habla con tu pareja si sientes que tienes dificultades con esta etapa del desarrollo, y acércate a padres experimentados de tu círculo social. No existe un enfoque único para el aprendizaje para ir al baño, y puede que recibas algunos consejos que te ayuden a superar un obstáculo difícil.

También querrás dejar cierto margen de maniobra en tu estrategia y asegurarte de cubrir otros aspectos básicos relacionados con el baño. La higiene es importante, y querrás enseñar a tu hijo cómo debe jalar la cadena y lavarse las manos después de ir al baño. Esta es otra oportunidad para dejarles elegir algo y animarles a participar más en su entrenamiento. Deja que seleccione un jabón infantil divertido y seguro, sobre todo uno con un aroma que les guste. A mis hijas les gusta especialmente el jabón espumoso, y nunca he tenido problemas para que se laven las manos. Por otra parte, también les he visto vaciar una botella entera en el inodoro y crear un lío espumoso gigantesco, pero de lo que se trata es de las victorias, no de los contratiempos.

De los triunfos en el entrenamiento para ir al baño al desafío: Niños quisquillosos con la comida

Requerirá mucho esfuerzo y paciencia, pero al final, el adiestramiento para ir al baño es un proceso increíblemente gratificante. No solo es un gran paso adelante para tu hijo, sino un gran logro para cualquier padre. Cuando lo consigas, asegúrate de dedicar tiempo a celebrarlo; ¡te lo mereces!

Ahora que salimos del baño y entramos en la cocina, abordemos el tema de los niños selectivos con la comida. En mi vida como padre, no me ha faltado estrés a la hora de la comida, y aprender a navegar por el complicado mundo de la alimentación infantil no es fácil. Prepárate para usar un poco más de esa paciencia, y prepárate para que te lancen unos cuantos tazones de cereales. En nuestro próximo capítulo, trataremos qué significa ser un niño quisquilloso con la comida, algunas estrategias para superar este reto, cómo pueden ayudarte los nuevos alimentos y algunos errores que debes evitar.

Trucos para papás del Capítulo 2

Truco #1 en el entrenamiento para ir al baño: Asegúrate de no precipitarte. Cada niño es diferente, y tu hijo pequeño puede necesitar más tiempo antes de estar preparado para intentar usar el baño. Es posible que inicie el proceso y se sienta abrumado; en esos casos, no pasa nada por dar un paso atrás y utilizar pañales durante un poco más de tiempo. ¡Al final lo conseguirán!

Truco #2 en el entrenamiento para ir al baño: Sé abierto y honesto. Las funciones corporales pueden ser un tema incómodo para algunos, pero cuanto más te comuniques con tu hijo, más cómodo se sentirá. Responde a todas sus preguntas y asegúrate de que comprende cada paso del proceso de entrenamiento para usar el baño.

Truco #3 en el entrenamiento para ir al baño: Motívales. El ánimo y la positividad ayudan mucho, y celebrar esas pequeñas victorias puede marcar la diferencia. Hazle un cumplido o 'choca esos cinco' cuando use el inodoro con éxito, y consuélale si se enfrenta a un contratiempo.

Truco #4 en el entrenamiento para ir al baño: No olvides que hay que divertirse. Como cualquier otra lección que enseñes a tu hijo, el entrenamiento para ir al baño debe ser lo más divertido y atractivo posible. Dejar que tu hijo elija su propio bañito y su ropa interior, así como ofrecerle recompensas cuando lo consiga, pueden ayudar a que tu hijo se sienta más involucrado en el proceso de entrenamiento.

Truco #5 en el entrenamiento para ir al baño: Sé constante (o, en este caso, mantén la regularidad). Establecer un horario regular para ir al baño hará que tu hijo adopte un ritmo cómodo a la hora de ir al baño. También le ayudará a reducir el número de accidentes que pueda afrontar durante este periodo transitorio.

Capítulo 3

Comedores quisquillosos anónimos: Cómo sobrevivir a los gustos selectivos de tu hijo pequeño

Como padre, nada puede disparar más tus niveles de estrés que tener a tu hijo negándose a comer. Tenemos la necesidad innata de mantener a nuestros hijos y asegurarnos de que no pasen hambre, así que cuando te pasas una hora preparando una deliciosa cena solo para ver que acaba en el suelo, es comprensible que te sientas frustrado. Desgraciadamente, este comportamiento caprichoso puede aparecer en cualquier momento y con cualquier comida. Permíteme que te cuente la épica lucha que tuve con mi hija en relación con el alimento favorito de todo niño pequeño: el brócoli.

Sorprendentemente, cuando introduje por primera vez a mi hija en esta pequeña verdura parecida a un árbol, no le molestó en absoluto. Como un leñador talando un bosque con los dientes, se zampaba el brócoli sin problemas. Pero un día, de la nada, decidió que lo odiaba totalmente. Esto fue devastador porque, en aquel momento, el brócoli era una de las pocas verduras que conseguía que comiera sistemáticamente. Intenté averiguar la causa de su repentina aversión, y llegué a la conclusión de que quizá se había dado cuenta de que yo nunca comía brócoli (a mí me gustaban más las coles de Bruselas) y estaba imitando mi comportamiento. Así que empecé a comer más brócoli, con la esperanza de que eso le incitara a consumir sus verduras diarias. Pero, por desgracia, mi hija no mordió el anzuelo y la guerra del brócoli continuó.

Así que hice lo que siempre hago cuando me enfrento a un obstáculo como padre: investigar. Aunque no iba muy desencaminado con mi corazonada sobre mis propios hábitos alimentarios, resulta que hay una gran variedad de razones por las que un niño puede rechazar de repente un bocadillo que antes prefería.

¿Por qué existe el "comer quisquilloso"?

Por lo general, la causa del mal comer no puede reducirse a un único factor. En cambio, puede haber una serie de influencias genéticas, de desarrollo y ambientales que hagan que tu hijo pequeño tire el plato por la habitación. Estos factores pueden ser:

- **Oh, mira, ¡otra vez los genes!:** Parte de la cuestión radica en un tema que tratamos mucho en el Capítulo 1: los genes de tu hijo pequeño. Resulta que yo tenía razón, y mi propio menosprecio por el brócoli puede haber sido transferido a mi hija a través de la genética. Aunque tardó un poco, esa predisposición genética a que no le gustaran los arbolitos verdes acabó apareciendo, lo que me obligó a buscar otra verdura para poner en su plato.

- **Desarrollo de las papilas gustativas:** Como muchas otras formas de desarrollo que experimenta tu hijo a esta edad, sus papilas gustativas crecerán y cambiarán rápidamente. Los alimentos que hace solo unas semanas estaban autorizados para aterrizar pueden pasar rápidamente a la lista de "no aptos para el vuelo", y puede que te encuentres buscando frenéticamente un sustituto en los pasillos del supermercado.

- **Sobrecarga sensorial:** La infancia puede ser un periodo de gran sensibilidad, y el sentido del gusto y del olfato de tu hijo pequeño aún se estará adaptando a diversos estímulos. Es posible que la textura de ciertos alimentos no le resulte agradable en la boca, o que el olor de algunas comidas le resulte desagradable al olfato. Puede ser útil jugar con distintas especias y selecciones de comidas para ver si hay categorías específicas de alimentos que no le gusten a tu hijo.

- **Rebelión a la hora de comer:** Aunque la independencia es un valor importante para inculcar a tus hijos, ese espíritu independiente a veces puede interponerse en el camino de una alimentación adecuada. Es importante no luchar contra estas rachas de rebeldía culinaria; en lugar de eso, trabaja con tu hijo para ayudarle a sentir que tiene más control. Ofrécele algunas opciones saludables antes de ir a la tienda, y deja que elija algún antojo ocasional que pueda comer si se come las verduras con constancia.

- **El atajo de los aperitivos:** Una de las cosas de las que he sido culpable en huelgas de hambre anteriores es recurrir a cualquier alimento conocido que mis hijas suelen comer. Esto es fácil de hacer si estás estresado o has dormido poco, y yo personalmente he servido tiras de pollo con salsa 'Ranch' tres noches seguidas. Desgraciadamente, esto sienta un precedente, y puede que tu hijo pequeño evite comer otros alimentos si sabe que, con el tiempo, dejarás de hacerlo. Intenta resistir este impulso, y mantén su dieta sana y variada.

- **Lo que el mono ve, el mono hace:** Como ya hemos dicho antes, no hay nada que a tu hijo pequeño le guste más que imitar el comportamiento de los demás. Esto puede resultar problemático a la hora de cenar; si te ve masticar una hamburguesa con queso mientras él tiene un plato de verduras, puede decidir qué quiere comer la comida más "adulta". Intenta comer lo mismo que tu hijo pequeño, al menos durante las comidas que ambos tomen juntos.

- **Una manzana podrida estropea el racimo:** Digamos que tu hijo come un día una zanahoria especialmente mala y la escupe con asco. Lo más probable es que la próxima vez que le des zanahorias, mueva la cabeza y diga "¡no!". Los niños pequeños pueden formar una asociación negativa con los alimentos debido a encuentros negativos o estresantes. Intenta que la hora de la comida sea lo más divertida y positiva posible. También querrás asegurarte de que los alimentos saludables que les des, sobre todo por primera vez, estén lo mejor preparados posible.

- **Falta de variedad:** Tener la misma comida todos los días puede cansar, incluso a los adultos. Tu hijo no es diferente, y un plan de comidas monótono puede hacer que se canse de ciertos alimentos. Cambia el menú de vez en cuando, añadiendo poco a poco otros alimentos para que tu hijo no se sienta abrumado. Con el tiempo, podrás elaborar una lista variada de alimentos que sabes que le encantarán (así, la próxima vez que tengas problemas, tendrás más opciones a las que recurrir).

- **No siempre es un niño exigente con la comida, sino más bien enfermo:** A veces tu hijo no rechaza una comida por ser difícil; simplemente no se encuentra bien. Si tu hijo se niega a comer una de sus comidas favoritas, puede ser un buen momento para revisarle la temperatura o ver si tiene algún otro síntoma evidente. Si está enfermo, es un buen momento para darle alimentos reconfortantes y mucho líquido.

5 consejos para ayudar a un niño "masticador" a comer bien

Entonces, ¿qué debes hacer si tu hijo se comporta como un Gordon Ramsey en miniatura, acechándote en la cocina y gritando que "lo que cocinas está crudo"? Bueno, hay muchas herramientas en tu almacén de cocina que puedes utilizar para combatir un caso de un niño quisquilloso con la comida. Aquí tienes algunos consejos que puedes utilizar cuando tu hijo pequeño se aferre y simplemente no quiera comer.

Consejo #1: *Da pequeños bocados a tus pequeñines*

Un hábito en el que es fácil caer cuando tu hijo pequeño no come es el de llenarle el plato con grandes raciones. Forma parte de esa necesidad inherente de proveer para tu hijo, y si no comió en la última comida, es probable que intentes compensarlo en la siguiente. Desgraciadamente, esto puede jugar en tu contra. Las raciones grandes pueden ser abrumadoras para un niño pequeño, sobre todo si ya es quisquilloso.

Consejo #2: *Deja que imaginen que están en Masterchef Junior*

Un remedio para la angustia de la hora de la comida consiste en dejar que tu hijo te ayude a preparar la comida. Convertir a tu hijo pequeño en un pequeño ayudante de cocina puede hacer que se interese más no solo por el proceso de comer, sino también por el de cocinar. Naturalmente, a un niño le entusiasmará más comer una comida que ha ayudado a preparar. Por supuesto, eso significa que puede que tengas que comer algunos brebajes espantosos (mi hija una vez me preparó un sándwich de mortadela y pan mojado con un glaseado de almíbar. Tuvo mucha suerte de que no existiera una versión infantil de Yelp). Dejar que tu hijo cocine también aprovecha su interés natural por el mundo que le rodea; también puede ayudarle a sentir que controla algo que antes le abrumaba. Además, estará deseando imitarte, así que cuanto más te vea cocinar en la cocina, ¡más ganas tendrá de ponerse su delantal!

Consejo #3: *Mantén los horarios de las comidas regulares y consistentes*

Aunque repetir los mismos ingredientes o alimentos puede resultar tedioso para tu hijo pequeño, la regularidad en las comidas es esencial. Los niños tienden a prosperar en un ambiente de previsibilidad, y cuanto más cómodamente se adapten a la idea de comer a determinadas horas, más se atreverán a probar nuevos alimentos. Por tanto, intenta tener una hora fija para el desayuno, la comida y la cena, y realiza esas comidas predefinidas con la mayor regularidad posible. Por supuesto, comer a la misma hora todos los días no siempre es posible, pero haz lo que puedas para que tu hijo siga un ritmo. También puedes programar un refrigerio entre el desayuno y la comida y otro entre la comida y la cena. Aunque satisfacer a un niño quisquilloso con comida basura puede ser tentador, es mejor que estos tentempiés sean sanos y llenadores. Así no tendrás que lidiar con un niño hambriento mientras preparas su próxima gran comida.

Consejo #4: *Como siempre, vale la pena tener paciencia.*

Voy a decir algo ahora mismo sobre la paciencia en la crianza: ciertas situaciones no van a ser justas. Tu hijo correteará de un lado a otro, gritando impaciente pidiendo nuggets de pollo, y tú solo tendrás que respirar hondo y forzar una sonrisa. Todos los padres sabemos que los niños son expertos en jugar a saltar a la cuerda con nuestros últimos nervios, y cuando estamos hablando de una situación crítica como su alimentación, ese nervio puede estar ya agotado. Pero, como en casi todas las etapas de la paternidad, la paciencia es la clave. Pueden hacer falta hasta 20 exposiciones a un nuevo alimento antes de que tu hijo pequeño se familiarice con él y empiece a mordisquearlo. Así que no te des por vencido, sigue poniendo verduras en su plato y (con suerte) acabará dándole un mordisco.

Consejo #5: *Cuando se trata de comida sana, sé un maestro en el disfraz*

He aquí otra forma excelente de conseguir que tu hijo supere una fase de comer quisquilloso: ¡Engañarles! De acuerdo, puede sonar horrible, pero en realidad no es tan nefasto como parece. Hay formas de transformar alimentos tradicionalmente aburridos y sanos en tentempiés que pueden atraer tanto a adultos como a niños. Tomemos el apio, por ejemplo. Te costará encontrar un niño al que le guste inicialmente la textura crujiente, el sabor acuoso y la calidad general de material de construcción del apio (está claro que yo tampoco soy un gran aficionado). Pero, añadiendo algunos ingredientes más, puedes convertir esta verdura insípida y terrosa en una golosina que tus hijos te pedirán una y otra vez. Seguro que has oído hablar del clásico "hormigas en un tronco", pero yo he añadido unos cuantos ingredientes opcionales con los que puedes jugar si tu hijo es muy quisquilloso.

Receta personalizada de las "hormigas en un tronco"

Ingredientes:

- 4 tallos de apio
- ½ taza de tu mantequilla de frutos secos o semillas favorita (recomiendo la mantequilla de almendras o de cacahuete)
- ¼ de taza de frutos secos (pasas, arándanos rojos o uvas pasas son todos excelentes)
- ¼ de taza de granola (para darle un toque más crujiente)
- Un chorrito de miel (para un dulzor extra sin demasiado azúcar. Nota: no des miel a tus hijos menores de 1 año).
- Espolvorea semillas de linaza o chía (que pueden aportar antioxidantes, fibra y otros nutrientes)

Instrucciones:

Para empezar, corta y lava los "troncos" (es decir, los tallos de apio) y sécalos dando palmaditas con una toalla de papel. Corta cada tallo en trozos de 5 cm de largo, y con una cuchara introduce con cuidado la mantequilla que hayas seleccionado en la forma de U hueca de los tallos de apio. Después, puedes espolvorear tu granola por encima de la mantequilla y salpicarla con tus "hormigas" (cualquier fruta seca que elijas.) A partir de ahí, puedes rociar tu miel y espolvorear tus semillas. Recuerda que puedes quitar o cambiar cualquiera de estos ingredientes si tu hijo no parece interesado. Pero te sorprendería saber que he llevado esta merienda a muchas reuniones, ¡y ni una sola vez he vuelto a casa con algo más que un plato vacío!

Cosas que no hay que hacer cuando alguien es quisquilloso al comer

Al igual que hay cosas que debes hacer en la cocina, hay algunas que **no** debes hacer en absoluto. Tu hijo pequeño está formando asociaciones con la comida que puede llevar a lo largo de toda su vida, por lo que es esencial evitar las situaciones problemáticas a las que se enfrentan muchos padres en lo que se refiere a la tendencia a comer de forma selectiva..

No *intentes forzar a tu hijo a comer*

Cuando hay un obstáculo en tu camino, puede parecer lógico simplemente empujar tan fuerte como sea posible hasta que el camino se abra. Aunque esto puede funcionar para entrar por tu puerta congelada durante una ventisca, el plan se viene abajo cuando se trata de alimentar a tu hijo pequeño. Obligar a tu hijo a comer puede convertir la mesa en un campo de batalla, haciendo que tu pequeño asocie ciertos alimentos con el estrés (o con la idea de la comida). Comprendo que hayas trabajado duro para preparar esa comida, y que tirarla al refrigerador (o peor aún, a la basura) pueda hacerte hervir la sangre. Pero obligar a tu hijo a limpiar su plato creará más resistencia más adelante, créeme. En lugar de eso, asegúrate de que tu hijo se siente cómodo y controla la situación en la medida de lo posible. Empezará a aceptar la comida por sí mismo y, lo mejor de todo, ¡pensará que siempre ha sido idea suya!

No *utilices la comida como castigo*

Hablando de obligar a alguien a comer, esto se puede llevar aún más lejos en la dirección equivocada utilizando la comida como castigo. Si eres como yo, probablemente tus padres lo hicieron alguna vez. Recuerdo una noche en la que me opuse rotundamente a comer brócoli. Le dije a mi madre que no iba a comer esos arbolitos raros, ni ahora ni nunca. No me imaginaba que mi acto de rebeldía acabaría en un enfrentamiento de 4 horas entre aquellos arbolitos y yo. Me dijeron que hasta que no terminara aquella comida, no podía dejar la mesa. Así que aguanté todo lo que pude (4 horas son al menos nueve años en el tiempo de un niño pequeño). Al final, me atraganté con aquel puñado de verdura tan fría, pero a día de hoy, cada vez que veo brócoli en un plato, me vienen recuerdos al estilo de Vietnam.

Debido a esta asociación negativa, evito el brócoli siempre que puedo, a pesar de que mucha gente me dice que es su verdura favorita. Tu hijo pequeño no será diferente; aunque utilizar la comida como castigo puede funcionar una vez, probablemente le crearás un desprecio de por vida por cualquier cosa que esté en su plato en ese momento.

No *compares a tus hijos con otros*

Al igual que ocurre con el entrenamiento para usar el baño y otros muchos hitos, tu hijo pequeño progresará a un ritmo distinto del de otros niños. Aunque tus amigos u otros padres alardeen de los alimentos sanos que devoran sus hijos, es posible que tu pequeño aún no lo haya conseguido. Sé persistente, constante y paciente y, con el tiempo, tu hijo empezará a adquirir un paladar más variado. Por supuesto, si tiene dificultades durante mucho tiempo, quizá debas hablar con padres más experimentados o con un nutricionista. También es posible que se trate de una enfermedad, y llevarlo al pediatra podría ser útil.

De la sopa al sueño, desglosemos la hora de acostarse

Ahora que sabes un poco más sobre cómo ganar la batalla del brócoli, es hora de hablar de algo tan crucial como la alimentación: el sueño. Dormir bien es esencial para el desarrollo y la salud de tu hijo pequeño, y en el Capítulo 4 hablaremos de los efectos que puede tener en él/ella dormir poco, así como de algunas estrategias para abordar los problemas relacionados con el sueño.

Trucos para papás del Capítulo 3

Truco #1 para niños quisquillosos con la comida: Conviértete en un mago de la comida. Intenta cambiar la forma o la textura de ciertos alimentos para que tu hijo supere un periodo de comer de forma quisquillosa. Puedes mezclar frutas y verduras en un batido, utilizar moldes de galletas para hacer formas divertidas o incluso contar historias que hagan creer a tu hijo que ciertos alimentos son "mágicos".

Truco #2 para niños quisquillosos con la comida: El Brócoli Troyano. Además de informar a tus hijos de cualquier cambio que hagas en la comida, también puedes introducir a hurtadillas algún alimento nutritivo en comidas que de otro modo les gustarían. Por ejemplo, si les gustan los espaguetis pero odian las zanahorias y los pimientos, mézclalos en tu salsa marinara.

Truco #3 para niños quisquillosos con la comida: El efecto-reflejo a la hora de comer. Tus hijos te admiran y, en muchos casos, copian o imitan tu comportamiento. Utiliza esto a tu favor cuando trates con un niño quisquilloso con la comida. Si haces un gran espectáculo comiéndote un plato de espinacas, diciendo lo deliciosas que están e incluso diciendo que no pueden tenerlas, observa lo rápido que tus hijos te pedirán un plato para ellos.

Truco #4 para niños quisquillosos con la comida: Convierte la cena en un evento. Es fácil dejarse llevar por el caos de la vida cotidiana, pero intenta que la cena sea un evento familiar. Aunque no sea posible todas las noches, siempre que puedan siéntense todos y hablen del día. Si tu hijo pequeño ve que todos sonríen, ríen y comen, es probable que haga lo mismo.

Truco #5 para niños quisquillosos con la comida: Un pequeño niño jardinero. Si tienes espacio, también puedes hacer que tu hijo se dedique a la jardinería. Cultivar juntos frutas y verduras sanas no solo es una forma estupenda de estrechar lazos, sino que puede hacer que tu hijo esté más conectado (y más dispuesto a comer) los alimentos que cultiva.

Capítulo 4

Las batallas para dormir: Estrategias que puedes utilizar para resolver los problemas relacionados con el sueño

De acuerdo con la Academia Americana de Pediatría, **entre el 25 y el 50 por ciento** de los niños se ven afectados por problemas de sueño en algún momento de su vida temprana. Teniendo en cuenta el papel vital del sueño en el desarrollo del niño, esta estadística puede preocuparte. Puedo decirte, por experiencia personal, que tener un niño pequeño que parece no poder dormirse puede causar estragos en la mente de los padres.

Mi hija, una bola de energía eléctrica, tenía problemas para descansar bien cuando era pequeña. Estos problemas no hicieron más que intensificarse cuando intentamos trasladarla de la cuna a una cama de tamaño normal. Muchas noches, dejaba su habitación y yo la encontraba revolviendo en su caja de juguetes a las 2 de la madrugada. Naturalmente, tenía que quedarme despierto para asegurarme de que estaba bien, lo que significaba que al día siguiente era un zombi en el trabajo. Este círculo vicioso continuó hasta el punto en que sentí que solo tenía dos opciones: Descubrir la cura para el insomnio infantil o rendirme a la locura de la privación de sueño. Afortunadamente, superamos esa mala racha y volvimos a un patrón de sueño más saludable.

Durante estas noches de insomnio descubrí que, aunque los problemas de sueño pueden parecer abrumadores, hay muchas soluciones que puedes poner en práctica. Para empezar, hablemos de qué es exactamente lo que hace que el sueño sea tan crucial para el desarrollo sano de tu hijo.

¿Qué hace que el sueño sea tan importante para los infantes?

Dormir bien puede tener numerosos efectos físicos, emocionales y de desarrollo en tu pequeño. Algunas de las formas en que un sueño adecuado puede ayudar son:

- **Promueve un mejor desarrollo, aprendizaje y memoria:** Aunque pueda parecer que tu pequeño está descansando plácidamente en el país de los sueños, en realidad su cuerpo está trabajando duro para hacer crecer áreas clave del cerebro y del cuerpo. No solo se liberan hormonas del crecimiento durante el sueño, sino que los recuerdos del día se clasifican y codifican en el cerebro. Esto ayuda a tu hijo a recordar lo que ha aprendido y a basarse en esas experiencias para alcanzar nuevos niveles de desarrollo. Un descanso adecuado también les dará la energía y la capacidad de atención necesarias para abordar nuevos temas con eficacia; sin ello, es probable que tengan dificultades a lo largo del día.
- **Refuerza su sistema inmunitario:** Un sueño adecuado actúa como un super-cargador del sistema inmunitario de tu

hijo, reforzando su capacidad para combatir enfermedades y dolencias. Probablemente tu hijo corre por el patio, toca todas las superficies que puede y se relaciona con otros niños que probablemente estén cubiertos de gérmenes. Dormir bien puede ayudarles a defender su cuerpo contra estos merodeadores microscópicos, manteniéndoles sanos y felices para que puedan pasar el día con seguridad.

- **Facilita un mejor estado de ánimo y la regulación del apetito:** A nadie le gusta un niño malhumorado, y la falta de sueño puede convertir a tu paquete de alegría en un barril de enojo. Dormir bien puede mantener a raya esas rabietas y hacer que tu hijo sea más propenso a seguir tus instrucciones. Un descanso adecuado también mantendrá su apetito bajo control; no dormir lo suficiente puede causar un desequilibrio hormonal que podría conducir a una menor saciedad y a comer en exceso.

- **Ayuda al crecimiento y reparación de los tejidos:** ¿Recuerdas las hormonas de crecimiento nocturnas de las que hemos hablado antes? Pues no solo ayudan a tu hijo a crecer grande y fuerte, sino que también contribuyen a reparar tejidos vitales. Es probable que un niño pequeño con mucha energía sufra algún golpe de vez en cuando. Ya sea una rodilla raspada, un codo arañado o una pequeña cortadura, el sueño proporciona al cuerpo de tu hijo la capacidad de cicatrizar rápidamente los tejidos y recuperarse de las lesiones.

- **Reduce el riesgo de accidentes y lesiones:** ¿Qué es mejor que curar las lesiones rápidamente? ¡No tenerlas en absoluto! Un niño bien descansado tiene menos probabilidades de tener accidentes, y un sueño adecuado significará que tu hijo pequeño es más coordinado, está más alerta y es menos propenso a momentos de torpeza.

Asegurarse de que se acuestan a una hora regular y descansan bien puede significar muchos menos rasguños y desgarros.

3 señales de que tu hijo pequeño podría no estar durmiendo lo que necesita

Señal # 1 sobre el sueño: *Les cuesta despertarse y se sienten somnolientos durante el día*

Los niños bien descansados suelen despertarse dispuestos a afrontar el día, mientras que a un niño cansado le costará levantarse por la mañana. No solo eso, sino que un niño pequeño privado de sueño puede quedarse dormido repetidamente a lo largo del día. Para los adultos, esto suele solucionarse con unas cuantas tazas de café más durante el día; para los niños, esta somnolencia puede ser una señal de que necesitan dormir mejor.

Señal # 2 sobre el sueño: *Parecen más malhumorados y no pueden concentrarse*

Dado que el sueño es esencial para regular el estado de ánimo, es probable que un niño adormilado sufra una serie de cambios de humor. Si notas que tu hijo tiene una rabieta en cualquier momento o que, en general, parece más irritable, eso puede significar que no duerme lo suficiente por la noche. También es posible que veas que a tu hijo le cuesta realizar determinadas tareas, incluso las que antes dominaba. Esto se debe a que la energía de tu hijo se consume luchando contra la fatiga, por lo que no le queda mucho para resolver problemas, aprender o concentrarse.

Señal #3 sobre el sueño: *Notas cambios en su apetito, digestión y respuesta del sistema inmunitario*

La falta de sueño puede aumentar los niveles de grelina, una hormona que puede hacer que tu hijo tenga más hambre y coma en exceso. Esta hormona del hambre trabaja en tándem con otra hormona llamada leptina: La falta de sueño adecuado reduce los niveles de leptina, lo que hace que la persona se sienta menos saciada con las comidas. La digestión también se verá perjudicada si el niño no duerme lo suficiente y, como consecuencia, el pequeño puede sufrir reflujo ácido o estreñimiento. Pero de todos los sistemas afectados, el más grave puede ser el sistema inmunitario. El sueño produce citocinas, que reducen la aparición de infecciones e inflamaciones. Piensa en las citocinas como en un pequeño ejército que lucha para proteger a tu hijo; si ese ejército no duerme bien, ¡no puede luchar!

¿Cuánto sueño necesita un niño pequeño?

La cantidad de horas de siesta que necesita tu pequeño dependerá sobre todo de su edad. Veamos algunos rangos de edad diferentes y cómo será su horario de sueño.

De 12 a 24 meses (*de 1 a 2 años*)

Entre las edades de 1 y 2 años, es probable que tu hijo pequeño necesite de **11 a 14 horas** de sueño al día. Aunque esto incluye un buen puñado de siestas gloriosas y tranquilas a lo largo del día, notarás que sus ciclos de sueño empiezan a cambiar y a establecerse. Cada mes que pase entre el 1 y el 2, verás menos interrupciones en su sueño nocturno y menos siestas durante el día. Este volumen de siestas irá disminuyendo a medida que crezcan.

De 24 a 36 meses (*de 2 a 3 años*)

A medida que tu hijo supere la marca de los 24 meses, su número de siestas disminuirá lentamente hasta que solo tenga una siesta al día. Esto coincidirá con un patrón estable de sueño nocturno, que suele consistir en entre **10 y 13 horas** de sueño constante. Las horas que no duerman por la noche las compensarán (con suerte) durante el día, con siestas de 1 a 3 horas que suelen tener lugar por la tarde.

De 36 a 48 meses (*de 3 a 4 años*)

Esa única siesta probablemente aguantará hasta que tu hijo pequeño se acerque a los 3 años, pero esto varía de un niño a otro. Puede que tu hijo necesite dormir un poco más para mantenerse sonriente, y no pasa nada; mientras no duerma hasta el punto de sentirse cansado o enfermo, las siestas son perfectamente saludables. Tu hijo también necesitará más o menos la misma cantidad de sueño durante este tiempo, siendo lo normal de **10 a 12** o de **10 a 13 horas**.

Tira esa cuna, es hora de la "cama grande"

A medida que pase el tiempo, notarás que tu hijo pequeño se está saliendo de la cuna o que está creciendo demasiado para caber cómodamente en ella. Esto puede significar que está preparado para dejar los confines de su cuna y pasar a una cama normal. Muchos niños pasan a un espacio para dormir más grande cuando tienen entre 1 ½ y 3 ½ años, aunque es importante no meterles prisa si no están preparados. Un buen punto de partida es dejarles seleccionar su nueva cama, ya que así se sentirán más cómodos con la transición. Por ejemplo, mi hijo eligió la cama clásica de coches de carreras, mientras que mi hija eligió una con el tema de "La Sirenita".

Una vez que tengas la cama montada, haz que se familiarice con ella dedicándole tiempo a realizar actividades habituales alrededor y dentro de ella. Esto puede significar jugar a sus juegos de mesa favoritos, leer libros, ver películas o dormir la siesta. A medida que tu hijo pase más tiempo haciendo actividades familiares en su nueva cama, empezará a asociar sentimientos positivos con este nuevo espacio para dormir. Cuando empiece a dormir más en la cama, anímalo positivamente y hazle saber que estás orgulloso de él/ella.

Qué hacer si a tu hijo pequeño le cuesta llegar al país de los sueños

¿Recuerdas la frustración que sentías cuando tu hijo pequeño no comía? Pues probablemente sentirás el mismo nivel de estrés cuando tu hijo no pueda dormir. Este estrés puede ser doble, porque no solo tu hijo no duerme lo que necesita, sino que probablemente tú tampoco. Entonces, ¿hay alguna forma de ganar la lucha a la hora de dormir? Afortunadamente, sí. He reunido algunas tácticas que puedes utilizar para conseguir que tu hijo pequeño se duerma y navegue hacia el país de los sueños.

1. **Crea una rutina consistente a la hora de acostarse:** Aunque los niños puedan parecer caóticos, tienden a esforzarse cuando les das una estructura. Una buena rutina a la hora de acostarse, consistente en actividades tranquilizadoras como un baño, la lectura y música relajante, pueden todos ayudar a tu hijo a relajarse al final de un gran día. Si tu hijo está ansioso por dormir, también puedes utilizar una técnica llamada "segundas buenas noches". Consiste en decirle que volverás dentro de 15 minutos para darle de nuevo las buenas noches, lo que le relajará. A medida que vayas retrasando el momento de darles las buenas noches, te darás cuenta de que a menudo ya estarán dormidos cuando los revises. Al final, ¡no necesitarás hacerlo en absoluto!

2. **Optimiza su ambiente para dormir:** Si la habitación de tu hijo pequeño es calurosa, ruidosa o luminosa, es probable

que le cueste conciliar el sueño. Conseguir que su ambiente de sueño sea el adecuado llevará algún tiempo, pues cada niño tiene sus propias necesidades. Por lo general, es mejor que la habitación esté más fresca, y la temperatura ideal suele sentarse entre 63 y 68 grados Fahrenheit (17 y 24 grados Celsius). Si tu hijo no se siente cómodo con la oscuridad total, una luz nocturna de color rojo puede ofrecerle comodidad sin producir la interferencia en el sueño de la luz azul. En cuanto al ruido, procura que tu casa sea lo más silenciosa posible por la noche. Si no es posible tener silencio absoluto, un ventilador o una máquina de ruido blanco pueden disimular cualquier perturbación sónica que pueda propagarse por tu casa.

3. **Despertares regulares y refuerzo positivo:** Tener una hora regular para despertarse y una rutina matutina es tan esencial como tener una rutina nocturna constante, y hacer que tu hijo se levante a la misma hora todos los días puede mejorar drásticamente su ritmo circadiano. Una forma estupenda de hacerlo es con un reloj despertador, que puede aumentar gradualmente la luminosidad de su habitación y utilizar campanillas suaves para despertarle de su letargo. También puedes utilizar recompensas o calcomanías para que tu hijo se anime si consigue quedarse en la cama toda la noche o utilizar técnicas como el "Hada del Sueño". Similar al Hada de los Dientes, el Hada del Sueño da a los niños un pequeño premio o juguete si duermen en sus camas durante un determinado número de días. Independientemente de cómo estructures tu rutina, ¡asegúrate de que sea divertida!

¿Qué debo hacer si mi hijo pequeño se levanta repetidamente de su cama?

Por mucho que lo hagas todo bien, es posible que tu hijo trate su cama como una prisión e intente escaparse a la mínima oportunidad. En estos casos, lo mejor es que te sientes con él y le expliques lo importante que es dormir. Si sigue rebelándose, puede que tengas que ponerte firme y decirle que la hora de acostarse no es una opción. Aunque sigas queriendo asegurarte de que están seguros, establecer límites y dejar que se tranquilicen por sí mismos cuando reclaman tu atención por la noche puede ser útil. Si te preocupa hacerlo, puedes tener un dispositivo de vigilancia de bebés en la habitación para garantizar que sus gritos son solo de atención y no de emergencia.

También puede que quieras darle algún tipo de objeto de seguridad, como una manta o un juguete. Un truco para que esto funcione es decirles que la manta o el juguete tienen "poderes mágicos para dormir" y pueden ayudarles a guiarles al país de los sueños. Los objetos de seguridad son una forma estupenda de aumentar la comodidad de tu hijo pequeño, sobre todo durante el periodo de transición entre la cuna y la cama. Esto, junto con una luz nocturna, puede ayudar mucho a que el niño se sienta seguro en su dormitorio, haciendo que sea menos probable que lo deje.

Si persisten los problemas nocturnos, quizá debas consultar a un pediatra o a un especialista del sueño. No exagero cuando te digo lo importante que es el sueño, y si las interrupciones se prolongan demasiado, pueden empezar a perjudicar a tu hijo o limitar su desarrollo. Así que no tengas miedo de ponerte en contacto con tu médico y buscar más ayuda para este problema si continúa..

Cómo manejar las pesadillas y los terrores nocturnos

Dejar la cama por la noche es una cosa, y a veces es apropiado dejar que tu hijo se enfrente por sí solo a un leve malestar a la hora de dormir. Sin embargo, las pesadillas y los terrores nocturnos son algo totalmente distinto; estos casos pueden ser especialmente aterradores para tu hijo pequeño y, si no se tratan, pueden hacer que cree asociaciones negativas duraderas con su nueva cama y con la hora de acostarse en general.

Entonces, ¿cuál es la diferencia entre las pesadillas y los terrores nocturnos? Bueno, las pesadillas suelen ser sueños aterradores que hacen que tu hijo se despierte en estado de pánico. Aunque las pesadillas pueden surgir aparentemente sin motivo, también pueden ser más frecuentes en periodos de estrés (como la transición a una cama nueva), suceder tras eventos traumáticos o durante la adaptación a nuevos medicamentos, o incluso ocurrir por simple falta de sueño adecuado.

Para ayudar a tu hijo a evitar o lidiar con las pesadillas, deberás empezar por asegurarle que está a salvo. Pregúntale qué ha visto en su sueño y dile que nada de eso es real, que ustedes están cerca y que todo irá bien. También puedes buscar pistas en el propio sueño para intentar discernir el origen de su estrés y evitar exponerle a cualquier contenido terrorífico o violento antes de que se duerma.

Por otra parte, los terrores nocturnos son una alteración del sueño no relacionada con la fase REM. Pueden implicar que tu hijo reaccione físicamente a pesar de estar todavía inconsciente. Puede gritar, patalear, retorcerse y parecer que está despierto, pero en muchos casos no recordará el incidente cuando se despierte por la mañana.

Enfrentarse a los terrores nocturnos es un poco diferente de las pesadillas, ya que no quieres despertarlos si puedes evitarlo. Despertar al niño puede ser traumático, provocar confusión e incluso prolongar el terror nocturno. En lugar de eso, asegúrate de que tu hijo no esté cerca de ningún objeto que pueda hacerle daño mientras tiene su reacción; si se despierta, consuélalo y hazle saber que todo está bien.

La transición hacia los 'Terribles Dos Años' (*The Terrible Twos*)

La falta de sueño puede poner de mal humor a un niño (o adulto) de cualquier edad, pero ¿qué pasa si tu hijo parece enfadarse sin importar lo que haga? Si es así, es posible que te encuentres ante un periodo de tiempo conocido como los "Terribles Dos", un periodo del desarrollo de tu hijo que suele asociarse con rebeldía, resistencia y agitación emocional general. En el próximo capítulo, hablaremos de lo que puedes esperar durante este periodo y de las mejores formas de tratar a un niño combativo.

Trucos para papás del Capítulo 4

Truco #1 para la hora de dormir: Deja que se familiarice con su nueva cama. Cuanto más tiempo pase tu hijo en su habitación con su nueva cama, más pronto querrá dejar la cuna y subirse a ella. Dejar que elija la cama y las sábanas, y planificar actividades en su habitación, pueden ayudarles a sentirse cómodos y preparados para dormir a gusto.

Truco #2 para la hora de dormir: Ofrécele un tentempié nocturno. Mientras que una comida abundante puede reducir la calidad del sueño, un ligero tentempié nocturno puede ayudar a tu hijo pequeño a dormirse con facilidad. Algunas buenas opciones alimentarias son el yogur, los plátanos y las galletas integrales, que contienen nutrientes o aminoácidos que pueden ayudar a producir valiosas hormonas reguladoras del sueño.

Truco #3 para la hora de dormir: Registra los progresos de tu hijo a la hora de dormir. Los niños responden bien a los estímulos visuales, y tener un tablero con pegatinas e hitos razonables puede ayudarles a sentir que progresan en su viaje a la cama. Cada noche que tu hijo se acueste a su hora o se quede en la cama toda la noche, pon una pegatina en su pizarra. Incluso puedes dejarles elegir las calcomanías para aumentar aún más su motivación.

Truco #4 para la hora de dormir: Las historias te llevarán lejos. Leer un cuento por la noche a tu hijo es una técnica de relajación probada, pero puedes ir un paso más allá creando historias que impliquen a tu hijo y sus dificultades para dormir. Crea una historia con un protagonista que luche contra monstruos relacionados con el sueño y aborda las ansiedades que pueda tener tu hijo pequeño a través de tu narración. Esto puede ayudarles a procesar sus problemas y hacer que se den cuenta de que no son el primer niño que pasa por este problema.

Truco #5 para la hora de dormir: No olvides el 'Juego Tranquilo'. Puede que a estas alturas ya esté muy trillado, pero el clásico "Juego tranquilo" puede ayudar a que un niño revoltoso se calme al final del día. Puede que tu hijo quiera corretear y gritar, pero en cuanto empiece el juego tranquilo, se activará su inclinación natural a jugar. Esta tranquilidad puede ir acompañada de música suave o ruido blanco para ayudarles a dormirse tranquilamente.

Capítulo 5

¡Busca refugio! El Tornado de los "Terribles 2" ya está aquí

He pasado varias veces por la tierra de los Terribles Dos, y puedo decirte que nunca es fácil. Desde juguetes tirados a sopa salpicada, limpiar el desorden de un niño pequeño mientras te riñe es suficiente para volver loco al padre más paciente. Muchas veces, los hábitos que adoptan nuestros hijos ni siquiera tienen sentido. Recuerdo una fase de mi hijo en la que metódicamente cogía sus juguetes uno a uno y los tiraba al patio lleno de lodo. Cuando yo los recuperaba obedientemente, se echaba a llorar y empezaba de nuevo la evacuación de juguetes. Puedo decirte que, en más de una ocasión, tuve que salir y tener mi propia rabieta. La cuestión es que te frustrarás durante este tiempo, y no pasa nada. La mejor manera de superar los Terribles Dos es entender qué está pasando, cuándo empieza y cómo afrontarlo.

El fenómeno de los Terribles Dos: ¿Qué es?

Alrededor de los dos años, puede que notes que tu pequeño, antes alegre y exuberante, ha tenido un cambio drástico de actitud. Empieza a hacer berrinches sin previo aviso, su palabra favorita pasa a ser "no", e incluso puede que empiece a llevar una pequeña chaqueta de cuero y a fumar cigarrillos de dulce. (Esta última parte no es cierta, pero puedes imaginártela). Tu pequeño rebelde puede cambiar de humor en un abrir y cerrar de ojos y es más probable que ponga a prueba los límites de lo que puede hacer. Con la combinación de estrés y frustración que muchos sienten durante este periodo, no es de extrañar que se le haya calificado de "terrible".

Entonces, ¿cuál es la causa de este fenómeno? Bueno, parte de la cuestión radica en lo rápido que está cambiando tu hijo pequeño durante este periodo. Su capacidad para hablar, moverse y comprender el mundo que les rodea evoluciona a un ritmo vertiginoso, por lo que es más que probable que se sientan frustrados y confusos. Con tantos fuegos ardiendo a la vez, es fácil que se produzca una explosión de vez en cuando.

Además de los cambios en su desarrollo, tu hijo también está aprendiendo el valor de la autonomía y la independencia. Cuando empiece a moverse más y a sentir las cosas, querrá desafiar las restricciones que antes le limitaban. Desgraciadamente, parte de esta exploración puede significar que intenten afirmar esa independencia de formas que choquen con tus deseos. Estos choques pueden verse intensificados por la montaña rusa emocional por la que atraviesan sus sentimientos.

Los niños pequeños no pretenden perder los estribos, pero como son tan nuevos en el concepto de las emociones, es comprensible que pierdan el control de vez en cuando. Estos arrebatos se ven agravados por el hecho de que tu hijo aún no ha adquirido la capacidad de comunicarse correctamente. Imagina lo frustrante que sería tener sentimientos de los que quieres hablar, pero no sabes cómo expresarte con sentido. Las rabietas, aunque extremas, funcionan como una forma de hacer saber a los demás que están frustrados con su situación.

3 señales de que has entrado en la fase de los terribles dos años

Hay algunas señales para reconocer que han llegado los 'Terribles Dos'. Estas suelen ser:

- **Una avalancha de contestaciones:** A medida que tu hijo desarrolla sus habilidades lingüísticas, puedes empezar a notar más oposición o lloriqueos cuando se le pide que haga algo. Todo esto forma parte de la resistencia y la rebelión que caracterizan a los Terribles Dos años; alimentado por emociones que cambian rápidamente, tu hijo no tendrá miedo de decirte si no le gusta la cena, una actividad o no le cae bien una persona en particular.

- **El Mini-Doble de películas:** parte curiosidad, parte independencia, todo peligro. La mayor movilidad de tu hijo le permitirá explorar a sus anchas, y su incipiente deseo de libertad le llevará a correr en busca de nuevos estímulos. Aunque tenga una aceleración mejorada, su frenado necesitará tiempo para ponerse al día, y puedes esperar bastantes rasguños y accidentes.

- **Empuja hasta el límite:** Tu hijo pequeño empezará a pasarse de la raya y a ver lo que puede hacer, empezando por apoderarse de objetos que probablemente no sean suyos. Aunque haya aprendido a compartir, en este periodo de tiempo tomará cosas y gritará "mío", para tu disgusto. Tampoco es el único límite que pondrán a prueba: berrinches en público, mordiscos y romper cosas forman parte del juego. Prepárate para experimentar toda la gama de malos comportamientos.

Berrinches terribles y grandes rabietas: Cómo manejarlos

Una de las características que definen estos terribles momentos es la clásica rabieta, un arrebato incontrolado acompañado de gritos, pisotones y muestras aún más teatrales de emotividad. A las rabietas no les importa dónde aparezcan, ya sea en la tienda de la esquina, en el fondo de la llamada de Zoom de tu trabajo o en medio de la ceremonia de una boda. Por suerte, hay formas de afrontar estas explosiones emocionales.

Accede a tu Buda Zen interior

Recuerda que a los niños pequeños les encanta imitar tu comportamiento; si ven que te pones como una fiera cuando tienen una rabieta, eso solo empeorará las cosas. Cuando estalle un berrinche, es esencial que respires profundamente y mantengas la calma. Habla suavemente con tu hijo y dile que comprendes por lo que está pasando. "Me doy cuenta de que ahora estás muy frustrado, amiguito. Parece duro; lo siento". Tu hijo verá tu actitud tranquila y tu tono tranquilizador y (con suerte) adquirirá cierta conciencia de la situación.

Hora de una distracción

Nunca subestimes el poder de una distracción al estilo de una bomba de humo perfectamente colocada. Si tu hijo se está alterando, intenta identificar la causa. ¿Es porque quiere un juguete de la tienda y no puede tenerlo? ¿Es porque le has quitado una bolsa de caramelos que intentaba comerse de un bocado como una serpiente? ¿Es porque su equipo deportivo favorito ha perdido el Super Tazón? Sea cual sea el motivo, intenta cambiar su enfoque o actividad. Si es posible, dales algunas opciones, ya que esto puede activar las partes lógicas de su mente en lugar de las emocionales. Además, dejarles elegir les ayuda a sentir que tienen más control, lo que puede mantener aún más su atención.

Sé firme, pero justo

Es esencial que te adhieras a los límites que establezcas y que no vaciles ante los lamentos de tu hijo. Créeme, es duro, sobre todo si estás en un lugar en el que la rabieta de tu hijo te causa vergüenza inmediata. Personalmente, he tenido que hacer frente a una rabieta relacionada con un caramelo en medio de un funeral, durante la cual le di frenéticamente a mi hijo azúcar suficiente para acabar con un elefante. Desgraciadamente, ceder a las exigencias de tu hijo solo sentará un precedente para el futuro. Si cedes ahora, sabrá que hay un límite a tu paciencia que puede traspasar. Esto significa que la próxima vez sabrá exactamente cuánto tiempo necesita llorar para que te rindas. Por supuesto, eso no significa que no debas recompensarles cuando lo hagan bien. Si tu hijo deja de tener un berrinche o lo evita por completo comunicándose, asegúrate de elogiarlo. El refuerzo positivo es poderoso y puede ayudar a motivar a tu hijo pequeño la próxima vez que se sienta agobiado.

Consejos para ayudar a los padres a sobrevivir a la tormenta

El poeta Robert Frost dijo: "*La mejor salida es siempre a través*". Aunque no podemos estar seguros de que se refiriera a la paternidad, la cita describe perfectamente los Terribles Dos: no puedes salir de esto; solo puedes atravesarlo. Afortunadamente, hay muchas maneras de sobrellevar este periodo e incluso de divertirse mientras lo haces. He aquí algunos consejos que puedes utilizar como padre para sobrevivir a la tormenta.

Consejo #1: *Encuentra siempre el lado divertido*

Puede ser fácil deprimirse o ponerse melancólico en los momentos difíciles de la paternidad. Recuerdo un periodo sombrío, cuando mi hija era pequeña, en el que, por mucho que le pidiéramos que no lo hiciera, no paraba de dibujar por todas las paredes de casa. Le dimos material de arte, pero también lo utilizaba en las paredes. Después escondimos los lápices de colores, los bolígrafos, la pintura y todos los utensilios de dibujo que caían en sus manos; aun así, este Banksy tamaño miniatura continuó con su desenfreno grafitero.

Al final, cuando ya no podíamos más, llegamos a un acuerdo: le dimos unos marcadores lavables y seleccionamos un espacio específico en la pared para que dibujara hasta que superara esa fase. Recuerdo que después de un fin de semana de fregar diligentemente, mi mujer me sorprendió con un regalo. Al abrirlo, me eché a reír de inmediato; era una foto de una de las obras más extravagantes de mi hija, enmarcada como si fuera una obra de arte. Todavía tengo esa foto enmarcada en mi oficina, y no puedo evitar sonreír cada vez que la miro.

Bromear o quitar importancia a determinados eventos no minimiza la importancia de tu papel como padre. Por el contrario, el humor puede servir como una valiosa válvula de liberación del estrés, eliminando un poco la presión de una situación que puede estar a punto de desbordarse. Recuerda que tu hijo pequeño también está estresado en esta época. Se enfrentará a obstáculos en su desarrollo que le parecerán abrumadores; para facilitar las cosas, sonríe y ríe con él cuando cometa un error. Ser demasiado serio o estricto solo hará que las cosas sean más difíciles y, a veces, una buena carcajada puede animar a tu hijo a intentarlo de nuevo. Así que, tanto si estás restregando lápices de colores como limpiando espaguetis, tómate un segundo para sonreír y tomar una instantánea mental del momento. Créeme, algún día echarás de menos incluso los momentos bajos de los primeros años de paternidad.

Consejo #2: *El ejercicio es un aliado, no un enemigo*

Aunque hacer trabajar a tus hijos pueda parecer contraproducente, el ejercicio es en realidad una de las mejores formas de quemar el exceso de energía que corre por las venas de tu hijo pequeño. Y no solo eso, sino que la actividad física regular puede también :

- Estimular la exploración
- Fortalecer el cuerpo de tu hijo pequeño
- Les ayuda a aprender a mantener el equilibrio y la coordinación
- Les permite dormir mejor
- Ayudarles a regular su estado de ánimo
- Mejorar su sueño

La clave es la variedad. Debes presentar a tu hijo una amplia gama de ambientes y actividades. Estos ambientes pueden ser básicos, como un lugar de juegos instalado en tu patio trasero, pero también deben incluir otras zonas como playas y parques. Organizar una excursión a algún lugar al aire libre también es un buen momento para favorecer la socialización, ya que puedes invitar a otros padres y niños a que te acompañen. Tus hijos pueden corretear mientras tú los supervisas y hablas con otros adultos sobre sus experiencias. Comparte con ellos cualquier consejo que tengas sobre tu propia experiencia con los 'Terribles Dos Años' y pregúntales qué consejos pueden tener para ti.

El ejercicio no solo es útil para tu hijo pequeño. Los 'Terribles Dos Años' son estresantes, y la actividad física es uno de los mejores mitigadores naturales del estrés que existen. Por si fuera poco, el ejercicio puede aportarte una amplia gama de beneficios, como:

- Mejorar la salud del corazón
- Alivio de los síntomas de ansiedad y depresión
- Mejora de la función cognitiva
- Facilita el control del peso
- Mejora de la función inmunitaria
- Reducción del riesgo de enfermedades crónicas

Consejo #3: *Tómate algo de tiempo para ti mismo*

Aunque tu hijo pequeño debe ser el centro principal de tu vida, eso no significa que tu salud y tu identidad no te sigan importando. La paternidad puede ser una de las experiencias más gratificantes de la vida, pero también puede ser sumamente agotadora. Ser padre es un maratón, no una simple carrera, y tomarse un tiempo para el autocuidado es esencial.

Parte de este autocuidado debe ser una dieta sana y equilibrada. Frutas, verduras, proteínas magras y mucha agua: necesitarás combustible para seguir el ritmo de tu pequeño relámpago mientras rebota por la habitación, y comer bien te permitirá hacerlo. Es más fácil decirlo que hacerlo, ya que personalmente he sido culpable de comer restos de macarrones con queso o nuggets de pollo con forma de dinosaurio a las 2 de la madrugada después de un día agotador. Una forma de asegurarte de comer bien y tener tiempo para ocuparte de todo lo demás es preparar las comidas. Planifica las comidas de la semana, prepáralas y cocínalas todas cuando tengas una o dos horas libres. Puedes dividir cada comida en porciones en recipientes que se puedan recalentar; así, en lugar de pasar por un restaurante de comida rápida o comprar uno de esos tristes hot-dogs enrollados en la gasolinera, puedes meter una comida deliciosa y equilibrada directamente en el microondas o en el horno.

También querrás hacer todo lo posible por hacer algo agradable para ti mismo (o para ti y tu cónyuge). Eso podría significar conseguir una niñera y tener una cita nocturna, ver un juego los domingos, dar un paseo en bici mientras escuchas un audiolibro o cualquier otra actividad que te resulte refrescante y relajante. Recuerda que dedicarte al autocuidado no significa que seas egoísta. Si quemas la vela por los dos extremos y te descuidas a ti mismo, no podrás dar lo mejor de ti a tu familia.

Aunque no es divertido, la disciplina es necesaria

Incluso después de pasar los Terribles Dos, seguirá habiendo ocasiones en que tu hijo pequeño ponga a prueba los límites, se comporte mal o pierda el control. Aunque a nadie le gusta hacerlo, la disciplina es una parte necesaria de la crianza. En el próximo capítulo hablaremos de por qué es importante la disciplina, de técnicas para disciplinar a tu hijo con compasión y de lo que no debes hacer al disciplinar a tu hijo pequeño.

Trucos para papás del Capítulo 5

Truco #1 de los 'Terribles Dos': **Lleva contigo siempre una solución para las rabietas.** Aunque las rabietas pueden deberse a muchas causas, una de las más comunes es el hambre. Llevar contigo un tentempié rápido y sano para dárselo a tu hijo puede ayudar a detener una rabieta antes de que empiece.

Truco #2 de los 'Terribles Dos': **Descarga sus pilas.** Los niños pequeños tienen una energía desbordante que pondría celoso al Conejito de Energizer, y el exceso que les queda al final del día puede significar rabietas e insomnio. Encuentra algunas actividades físicas diferentes que les gusten y dales la oportunidad de agotarse, sobre todo los días en que parezcan más malhumorados.

Truco #3 de los 'Terribles Dos': **Las distracciones son tus aliadas.** Busca un juguete, un libro o cualquier otro objeto que tienda a calmar a tu hijo y llévalo contigo dondequiera que vayas. Cuando veas que empieza una rabieta, puedes utilizar este objeto especial como antídoto para aplacar su enfado.

Truco #4 de los 'Terribles Dos': **Programa el autocuidado.** Aunque probablemente no puedas elegir un día entero de la semana para centrarte en ti mismo, intenta encontrar un par de horas a la semana o un día entero una vez al mes que puedas dedicar por completo al autocuidado. Haz lo que quieras durante este tiempo, despejando tu mente de cualquier preocupación relacionada con tus hijos durante un breve periodo. Esto puede ayudarte a recargarte y a concentrarte mejor cuando vuelvas.

Truco #5 de los 'Terribles Dos': **Ríete de las pequeñas cosas.** Mira, las cosas van a salir mal a veces. En eso consiste ser padre. Pero es importante dar a tu hijo (y a ti mismo) un poco de margen. Bromea sobre los contratiempos cuando ocurran, consuela a tu hijo y hazle saber que la próxima vez lo hará mejor.

Capítulo 6

Lidiando con la disciplina: Técnicas para enseñar a tu hijo pequeño las consecuencias con compasión

A lo largo de mi viaje como padre siempre he luchado con la disciplina, y no creo que sea el único. Queremos a nuestros hijos y deseamos que sean felices y que sonrían cada momento de cada día, pero lo cierto es que hay veces en que los niños ignoran las normas y causan problemas. En el último capítulo compartí algunos ejemplos de percances ocurridos durante los terribles dos años, pero desafortunadamente habrá incidentes durante todas las etapas de la infancia.

Podemos ver esto en acción con mi hija, que a menudo tenía problemas con los límites en relación con las golosinas y los caramelos, especialmente las gomitas. Recuerdo el primer momento en que le di un paquetito de esos diablillos azucarados de colores, sin saber que, en esencia, acababa de darle su primer cigarrillo a una fumadora empedernida. Casi inmediatamente, tuvimos que limitar la cantidad de gominolas que mi hija podía comer. Por supuesto, hizo caso omiso de esta nueva norma a la velocidad del rayo. Después de un racionamiento concreto de gomitas, recuerdo que se comió toda la bolsa cuando yo no miraba. No fue hasta más tarde, cuando la encontré en su habitación sumida en un intenso e incómodo subidón de azúcar, que decidí que tenía que atenerse a las consecuencias. A pesar de mi frustración, respiré hondo y abordé la situación con tacto y comprensión.

"Cariño, ¿recuerdas cuando te dije que comer demasiados dulces te pondría enferma?". Asintió con la cabeza, con las pupilas dilatadas por los kilos de azúcar que le corrían por las venas. Hablamos de lo ocurrido, y le expliqué que su malestar era el resultado de las consecuencias naturales de sobrepasar ese límite concreto.

La siguiente vez que tuvimos gominolas en casa, hubo un momento en que la vi esforzarse por decidir cuánto tomar. Pero, por desgracia, recordó la última vez que se había dado un atracón y decidió solo tomar una pequeña porción. Esto ilustra perfectamente cómo la disciplina adecuada puede ser eficaz y por qué a menudo la disciplina puede ser útil en lugar de perjudicial.

A todo esto, ¿qué pasa con la disciplina?

Aunque la disciplina es fácilmente una de las cosas menos agradables que tiene que hacer un padre, es un mal necesario con beneficios cruciales. Una disciplina adecuada es uno de los ingredientes secretos del éxito futuro; claro, puede ser un ingrediente más picante, pero puede proporcionar a nuestros hijos una hoja de ruta de límites, pautas de seguridad y dar a la vida un ritmo consistente y predecible. Pero no solo eso, sino que la disciplina también puede ser decisiva para facilitar numerosos componentes de un desarrollo sano. He aquí algunas de las formas en que la disciplina puede ayudar a tu hijo pequeño en el presente y en el futuro.

- **Estableciendo los límites:** Creo sinceramente que un niño pequeño inventó el dicho "las normas están para romperlas". Parece que encuentran cualquier oportunidad para cruzar las líneas que has establecido. La clave está en establecer expectativas claras de lo que ocurre cuando se cruza una línea. La disciplina inculca los valores de responsabilidad y rendición de cuentas, enseñando a tu hijo pequeño que cada acción tiene una consecuencia.

- **Apoyando el desarrollo y el crecimiento:** Una disciplina adecuada tiene el poder de impulsar el desarrollo emocional y social de tu hijo pequeño. Cuando empiecen a ver los resultados de saltarse las normas, empezarán a desarrollar el sentido del autocontrol, la empatía y el respeto por los demás. Las consecuencias también les enseñarán a ampliar su capacidad de tomar decisiones; si experimentan un resultado negativo de una acción, probablemente decidirán evitar realizar esa acción en el futuro.

- **Manteniéndolos a salvo:** La disciplina no solo puede ayudar a tu hijo a enfrentarse a los retos sociales de la vida, sino que también puede salvarle la vida, ¡literalmente! Si los límites que estableces se refieren a riesgos y peligros potenciales (como "no metas tenedores metálicos en tomas de corriente, explotarás"), tu hijo empezará a asociar las acciones arriesgadas con consecuencias nefastas. Esta mentalidad puede mantenerlos a salvo cuando son pequeños y podría ser vital más adelante en la vida.

- **Consistencia y comodidad:** A pesar de sus innatas tendencias rebeldes, los niños pequeños prosperan con la constancia. Un conjunto de normas definidas les da una sensación de previsibilidad, fomentando un ambiente seguro para aprender y crecer. Esto les allana el camino para adaptarse más adelante a ambientes con expectativas similares, como la escuela o el trabajo.

- **Inculcando respeto y valores:** La disciplina compasiva es una de las piedras angulares del respeto y de unos valores sólidos. Disciplinar a tu hijo cuando no respeta los límites que has creado le enseñará a respetar la autoridad y los sentimientos de los demás. Estas habilidades les serán útiles durante toda su infancia y hasta bien entrada la edad adulta, preparándoles para un éxito más significativo y permitiéndoles convertirse en miembros activos de la sociedad.

3 consejos para mante4ner una disciplina positiva y compasiva

Consejo #1: *Prueba un "Tiempo dentro" en lugar de un "Tiempo fuera"*

Estoy seguro de que conoces la técnica del "tiempo fuera" de la antigua escuela, un método de disciplina sinónimo de aislamiento y falta de apoyo emocional. Desgraciadamente, esta técnica suele ser más perturbadora que correctiva. En lugar de aislar a tu hijo, intenta entablar un diálogo con él. Con el enfoque del "tiempo dentro", puedes ayudar a tu hijo pequeño a comprender su error y a procesar las emociones que pueda estar sintiendo. Es esencial que le expreses también cómo te han hecho sentir sus acciones, ya que esto le ayudará a fomentar la empatía y a comprender las consecuencias emocionales de infringir una norma.

Consejo #2: *Aprovecha la oportunidad de ampliar sus habilidades para resolver problemas*

Cuando tu hijo pequeño infringe una norma y es disciplinado consecuentemente, puede sentirse confuso sobre lo que está ocurriendo. Dale a tu hijo las piezas del rompecabezas de la situación haciéndole saber las normas que ha infringido y explicándole las consecuencias a las que se enfrenta. Esto puede ayudarles a poner en marcha sus incipientes habilidades para resolver problemas, creando conexiones en su cerebro entre la acción que realizaron y la reacción posterior. En estos casos, resulta útil mantener la coherencia entre las normas y las consecuencias, para que comprendan más fácilmente por qué se les disciplina. También puedes utilizar consecuencias naturales para asegurar que identifiquen eficazmente la relación causa-efecto de romper los límites. Por ejemplo, si se niegan a comer y luego te dicen que tienen hambre, explícales que tienen hambre porque han tirado la cena por todos lados.

Consejo #3: *Refuerza positivamente y modela el buen comportamiento*

Aunque tu hijo tendrá que dar la cara de vez en cuando, una cucharada de azúcar puede ayudar a que baje la medicina. Sí, algunas partes del proceso disciplinario pueden parecer negativas, pero también es esencial reconocer y recompensar el buen comportamiento. Cuando tu pequeño hace un buen trabajo recogiendo sus juguetes o acabándose todos los vegetales, es importante alentarle y celebrar su éxito.

Puedes añadir más positividad al proceso modelando el comportamiento que quieres ver en tu hijo. Por ejemplo, si dices que no se debe comer delante del televisor, no querrás que tu hijo te descubra comiendo con el juego de fondo. Recuerda que tu hijo es tu mayor fan y quiere ser como tú. Claro que algunas normas son solo para ellos, pero intentar seguir las mismas pautas cuando están cerca puede ser beneficioso. De ese modo, pueden copiar tu comportamiento, sintiéndose más "mayores" y, al mismo tiempo, obedeciendo las reglas cruciales que tú estableces.

Qué evitar al disciplinar a tu hijo pequeño

La buena disciplina no es fácil, y a veces puede parecer que estás haciendo malabarismos con antorchas encendidas mientras caminas por una cuerda floja y temblorosa. Tienes que mantener un buen equilibrio, porque un movimiento en falso y las cosas pueden torcerse rápidamente. Seguro que tienes tus propios trucos para enderezar a tu hijo, y eso está muy bien dentro de lo razonable. Sin embargo, algunos caminos del castigo pueden llevarnos directamente a una espesura de negatividad, perjudicando potencialmente el desarrollo de nuestro pequeño.

He aquí algunas señales de alarma que debes evitar cuando enseñes a tu hijo pequeño las consecuencias de sus acciones:

- **Vergüenza y humillación:** Todos hemos pasado por lo mismo: estás al límite de tus fuerzas, te jalas de los pelos y tus niveles de estrés empiezan a subir a números rojos. Es totalmente comprensible que te frustres de vez en cuando, y aunque los errores ocurren, querrás evitar insultar o humillar a tu hijo a toda costa. Insultar o menospreciar a tus hijos puede dañar gravemente su autoestima, lo que puede provocarles problemas de salud mental más adelante. En lugar de eso, sé compasivo, alentador y comprensivo cuando emplees tácticas disciplinarias. Esto no solo es más eficaz, sino que te sentirás mucho mejor contigo mismo.

- **El castigo físico:** Es desafortunado que tantas generaciones anteriores a la nuestra utilizaran el castigo físico como forma de disciplinar a sus hijos. Al igual que los insultos, el castigo físico es ineficaz y puede aumentar drásticamente el riesgo de problemas de salud mental en tu hijo pequeño. También tiene el potencial de encender una tendencia al comportamiento agresivo que puede persistir en la edad adulta. Por si esto fuera poco, las consecuencias físicas pueden provocar un profundo resentimiento entre tu hijo y tú, que tensará (y, en algunos casos, destruirá) la relación padre-hijo.

- **Aislamiento o negligencia:** Ya hemos hablado antes de los "tiempos fuera" y, a pesar de lo mucho que se utilizan, son tan eficaces como un crucero hecho de azúcar. Hay dos razones principales por las que esta técnica se deshace y no consigue su propósito: una, ignora las necesidades de tu hijo pequeño, y dos, no le da ninguna información procesable. Lo más probable es que tu hijo se sienta confuso y llore en una habitación o zona separada, sin entender por qué se encuentra en esta situación angustiosa. Al igual que otros métodos de castigo anticuados, esto puede provocar problemas como la desregulación emocional más adelante en su desarrollo.

- **Expectativas muy altas y consecuencias inconstantes:** Saltar de ser blando como un malvavisco un día a ser estricto como un sargento instructor al día siguiente puede provocar a tu hijo un caso grave de latigazo mental. Cambiar demasiado las cosas puede dificultar que tu hijo se sienta cómodo y aprenda las normas, aumentando la posibilidad de que se pase de la raya accidentalmente. Esperar que tu hijo siga el ritmo de los frecuentes cambios de límites no es factible. Es esencial recordar sus capacidades actuales al crear normas o establecer expectativas. Esto puede ayudarte tanto a evitar frustraciones como a proporcionar a tu hijo pequeño el ambiente que necesita para crecer (un tema que trataremos en profundidad más adelante).

- **Usar el miedo como herramienta de enseñanza:** Reaccionar de forma exagerada ante un comportamiento concreto o amenazar a tu hijo con hacerle daño es una forma horrible de asegurarte de que obedezca las reglas, aunque pueda parecer eficaz a corto plazo. Con el tiempo, las tácticas de miedo desgastarán a tu hijo y le causarán profundas cicatrices emocionales que quizá nunca desaparezcan. También puede hacer que pierda la confianza en ti; puede dejar de verte como un protector y empezar a verte como un tirano.

Cómo establecer expectativas adecuadas a la edad y crear consecuencias razonables

Navegar por el laberinto de la disciplina consiste sobre todo en comprender el terreno. Básicamente, ayuda saber en qué fase de desarrollo se encuentra tu hijo; así podrás adaptar las expectativas y consecuencias a sus capacidades actuales. Una estrategia disciplinaria que funciona bien con un niño de un año puede fracasar con uno de tres. Para simplificarlo, a continuación he dividido las edades de los niños pequeños en dos grupos y he enumerado algunas expectativas y consecuencias razonables que puedes utilizar con cada uno de ellos.

Primer grupo de edad: **Niños de 1-2 años**

- **Expectativas razonables por establecer:** A esta edad, tus hijos son pequeños científicos y están experimentando e interactuando con diversas cosas del mundo para ver qué resultados obtienen. Hurgará, pinchará y tocará todo lo que tenga a mano y, para ser sinceros, no es realista esperar que mantenga las manos quietas en todo momento. Intenta restringir los límites a lo estrictamente necesario, prohibiéndoles tocar objetos o entrar en zonas de tu casa que puedan ponerles directamente en peligro. Si se resbalan (y vaya si lo harán), retíralos rápidamente del lugar peligroso. Luego, sé paciente y empático con tu respuesta. Los niños de esta edad aún se están familiarizando con las cosas, y su capacidad de atención es tan corta como sus rechonchas y pequeñas piernas.

- **Consecuencias eficaces a utilizar:** Hablando de períodos de atención cortos, una gran consecuencia compasiva para utilizar durante esta etapa es la redirección. La reorientación consiste en utilizar la limitada capacidad de atención de un niño pequeño a tu favor. Imagínatelo: ves a tu pequeño e intrépido explorador dirigirse hacia una zona restringida. En vez de gritarle "¡NO!", intenta dirigir su atención hacia un juguete, objeto o habitación adecuados. Una vez que tu hijo se dirija al objeto deseado, elógialo para reforzar su buen comportamiento. Esto puede ayudarte a estimular el buen comportamiento, evitando al mismo tiempo la negatividad absoluta.

2º grupo de edad: **Niños de 2-3 años**

- **Expectativas razonables por establecer:** A medida que tu hijo vaya desarrollando sus habilidades lingüísticas y su sentido de la independencia, le resultará más fácil valorar sus propias necesidades y deseos. Sin embargo, es posible que aún no controle sus impulsos, lo que puede llevarle a tener dificultades para compartir, esperar su turno o evitar poner a prueba ciertos límites. Establece límites que permitan a los niños pequeños mostrar su creciente autonomía y déjales "probar los límites" de forma segura y respetuosa. Recuerda que, aunque sus capacidades se expanden rápidamente, aún les queda mucho camino por recorrer; tenlo en cuenta al crear normas y límites.

- **Consecuencias eficaces a utilizar:** Una consecuencia que funciona bien con este grupo de edad es la "técnica de la elección". Esta técnica utiliza su creciente sentido de la independencia como forma de animarlos a corregir su comportamiento. Veamos un ejemplo: Digamos que tu hijo se niega a compartir un juguete con un hermano o amigo, incluso después de que le hayas puesto un límite en cuanto a compartirlo. Pregúntale si quiere jugar con el juguete a solas en su habitación o si quiere compartirlo y seguir pasando el rato con los demás. En la mayoría de los casos, elegirán compartir el juguete; y no solo eso, ¡pensarán que es una decisión que se les ha ocurrido a ellos solos!

La disciplina es un paso importante, pero hay mucho más

Por supuesto, la disciplina es una piedra angular en la crianza de niños de buen corazón, empáticos y respetuosos. Pero recuerda que es solo un paso en un maratón de crianza en el que intervendrán muchas técnicas y tácticas. En nuestro próximo capítulo, nos sumergiremos en la construcción de rasgos de carácter positivos, el cultivo de la empatía y la amabilidad, el fomento del respeto y el desarrollo del amor por la exploración y el aprendizaje.

Trucos para papás del Capítulo 6

Truco #1 para la disciplina: Deja que escoja. Siempre que mantengas las opciones dentro de ciertos límites, dejar que tu hijo elija entre dos consecuencias puede ser una forma estupenda de dar poder a tu hijo pequeño, potenciar su capacidad de decisión y, aun así, disciplinarlo cuando se porte mal.

Truco #2 para la disciplina: Las consecuencias naturales pueden ser eficaces. Las consecuencias naturales consisten en dejar que una situación se desarrolle sin introducir artificialmente la disciplina. Por ejemplo, si tu hijo no se pone botas de goma un día de lluvia, se mojará los pies. Esto les muestra la causa y el efecto de un modo más fácil de procesar.

Truco #3 para la disciplina: Escucha y comprende activamente. Los castigos tradicionales suelen implicar ignorar a tu hijo, lo que puede resultar ineficaz e incluso cruel. Habla con tu hijo sobre las consecuencias y explícale las razones por las que se le castiga, para que pueda comportarse correctamente en el futuro.

Truco #4 para la disciplina: Sé coherente. Mantener unos límites coherentes facilita que los niños pequeños entiendan lo que deben hacer. Esto significa que estarán más dispuestos a seguir las normas y se sentirán más cómodos explorando dentro de sus límites.

Truco #5 para la disciplina: Crea un "lugar feliz". Si todo lo demás falla, ayuda tener una zona de la casa que pueda calmar a tu hijo. Llena una habitación o un rincón con almohadas, mantas, libros o sus juguetes favoritos; cualquier cosa que pueda darle un momento para respirar y regular sus emociones.

Capítulo 7

Cultivando el carácter y construyendo mejores seres humanos

Algunos días, la paternidad puede hacerte sentir como si fueras el capitán de un barco, surcando aguas turbulentas y sintiendo la fatiga de un largo viaje. Mientras tanto, tus hijos son exploradores entusiasmados, deseosos de alcanzar la cresta de la siguiente ola y divisar la siguiente isla. Esta curiosidad natural solo crecerá a medida que tus hijos crezcan y empiecen a hacer preguntas sobre el mundo que les rodea. Querrán saber qué son las cosas, cómo actuar en determinadas situaciones y qué significa ser una buena persona. Como capitán de la nave U.S.S. Paternidad, tu trabajo consiste en guiarles hacia las respuestas correctas y llevarles sanos y salvos a la Tierra de la Adultez.

Un ejemplo que se me ocurre de mi propia experiencia se refiere al conflicto habitual que rodea al hecho de compartir juguetes. Recuerdo una semana especialmente frustrante en la que mi hija secuestró repetidamente el conejo de peluche de mi hijo y lo sacó al patio. Cubrió de lodo el blanco pelaje del pobre conejito, y luego intentó darle de comer zanahorias tiernas del frigorífico antes de dejarlo a remojo en un baño de barro. Cuando me enfrenté a él por esto, me preguntó: "¿Por qué no puede estar el conejo fuera? ¿No es ahí donde viven?"

Frotándome las sienes, me tomé un momento e inspiré profundamente. En primer lugar, admití que sí, que algunos conejos viven fuera. Pero este conejo, el de su hermana, vivía dentro. Luego le dije que el conejo era el juguete de su hermana y que, cuando se lo quitaba, se ponía triste. Tardé un poco, pero le expliqué que lo amable y respetuoso sería lavar el conejo y devolvérselo con una disculpa. Tras darse cuenta de que había disgustado a su hermana, mi hijo lavó rápidamente el conejo y se lo devolvió. Cuando lo hizo, me aseguré de decirle lo bien que lo había hecho. A partir de entonces, dejó que el conejo viviera en paz dentro de casa, aunque de vez en cuando me recordaba que los conejos deben vivir fuera, no dentro (algo que nunca deja de arrancarle una carcajada a mi esposa).

En general, la responsabilidad de inculcar ciertos rasgos a tu hijo recaerá principalmente sobre tus hombros. Aunque hay numerosas cualidades que puedes enseñar a tu hijo pequeño, he reducido la lista a las cinco que creo que mejor le prepararán para una vida exitosa y feliz.

5 rasgos de carácter positivos para preparar a tu hijo para el éxito

Al igual que un loro imita los sonidos de una persona que habla, tus hijos también imitarán el comportamiento que ven a su alrededor. Los niños pequeños son unos de los mejores imitadores del mundo, y aunque probablemente no vayan a salir pronto en el programa *Saturday Night Live*, cada día harán de ti su mejor imitación de un famoso. Es esencial recordar esta tendencia a la imitación cuando les enseñemos distintos valores y rasgos. Intenta ser un ejemplo brillante de las cualidades que quieres inculcar a tu hijo; de ese modo, podrá captarlas más fácil y rápidamente.

Rasgo #1: Una mente curiosa y creativa

Ahh, el mágico mundo de los "porqués". Recuerdo que mi hija pasó por una fase en la que casi todas sus frases empezaban con la palabra "por qué". "¿Por qué tienen cola los perros?". "¿Por qué la hierba es verde? "¿Por qué no puedo pintar en las paredes?". Como padres, a veces podemos enfadarnos cuando nuestros hijos nos bombardean con un millón de preguntas de "por qué", pero es importante no ignorarlas. Su mente, en rápido crecimiento, está intentando comprender este mundo salvaje, y te buscará como guía. Cada pregunta es una oportunidad para alimentar su curiosidad e imaginación. Dar respuestas y tener más conversaciones sobre temas concretos puede estimular su pasión por la exploración y la creatividad.

También puedes estimular la creatividad introduciendo a tu hijo en distintas actividades creativas. Esto puede significar ponerle música, ayudarle a pintar o animarle a cantar karaoke contigo. Esto puede plantar las semillas que algún día crecerán hasta convertirse en un magnífico árbol de talento. Quién sabe, ¡puede que un día tu hijo se convierta en una estrella de la música o en un artista famoso! Todo empieza introduciéndole tempranamente en las actividades creativas.

Rasgo #2: *Un corazón bondadoso y lleno de empatía*

Nuestro corazón puede ser una de las mejores brújulas de nuestra vida, señalándonos el norte y asegurándonos de que hacemos lo correcto. Enseñar a tus hijos a escuchar a su corazón puede ser una forma estupenda de ayudarles a ser agradecidos, amables y empáticos (todos ellos rasgos esenciales que debe tener tu pequeño futuro adulto). Guiarles a través de los matices de este trío de rasgos les hará mucho más simpáticos y exitosos en la vida. Puedes hacerlo enseñándoles a decir gracias cuando les den algo, animándolos a ver las situaciones desde la perspectiva de la otra persona y elogiándolos cuando sean amables con los demás. Esto asegurará que te hagan sentir orgulloso y se conviertan en el tipo de persona que hace del mundo un lugar mejor.

Rasgo #3: *Sentido de la justicia y la integridad*

Siempre me gusta decir a mis hijos que la honradez es la mejor política, incluso cuando nadie está mirando. Explica a tu hijo lo que significa "ser justo" y enséñale por qué es importante apegarse a una serie de valores. Un ejemplo que puedes utilizar es el del tarro de galletas sin guardián; aunque tengan la tentación de robar una galleta del tarro de galletas cuando nadie mira, se sentirán mejor si siguen siendo honrados y hacen lo correcto. También deben dar a los demás lo que les corresponde y evitar ser codiciosos. La justicia y la integridad son rasgos de carácter vitales que hay que tener, ya que permitirán a tus hijos establecer relaciones más sólidas y crear una sólida red social a medida que crezcan.

Rasgo #4: *Responsabilidad y confianza en sí mismo*

No llores por la leche derramada; ¡límpiala! Aunque los accidentes pueden ser frustrantes, también son valiosos momentos de enseñanza. Alentar a tus hijos a asumir sus propias acciones les convertirá en adultos más responsables en el futuro. También les hará sentirse más confiados y seguros de lo que son. Explícales que no pasa nada por cometer errores, pero explícales también que intentar mentir o echarle a otro la culpa de las acciones no servirá de nada. Cuanto más aprendan a asumir responsabilidades ahora, más confianza tendrán a largo plazo.

Rasgo #5: *Resiliencia, Valor y Autocontrol*

Un espíritu resiliente y valiente es un gran atributo que debes inculcar a tu hijo. Estas cualidades actuarán como un paraguas durante la tormenta de la vida, protegiéndoles de cualquier desafío que puedan experimentar. Enseñar a tus hijos resiliencia y valentía puede lograrse de varias maneras. Por ejemplo, digamos que están aprendiendo a montar en bici. Si se cae, consuélale y asegúrate de que está bien, pero ayúdale a tener el valor de volver a subirse para dar otra vuelta.

Es probable que algunos de los retos a los que se enfrenten estén relacionados con su propio autocontrol, que pueden empezar a desarrollar desde una edad temprana. Permíteles que se coman alguna golosina, pero hazles saber que solo recibirán una cantidad determinada durante un periodo de tiempo concreto. Si se las comen todas y se enferman, experimentarán algunas de las consecuencias naturales que mencionamos en un capítulo anterior. No solo se pondrán enfermos, sino que se quedarán sin dulces y aprenderán a tener más autocontrol en el futuro.

Cómo ayudar a tu hijo a desarrollar rasgos específicos

Durante la gran aventura de la paternidad, tendrás innumerables momentos que te permitirán moldear el carácter de tu hijo. Aunque este proceso no es una ciencia exacta, hay algunas formas en que puedes facilitar el desarrollo de ciertas cualidades. Aunque parezcan innatos, ciertos rasgos como la empatía y la amabilidad necesitan un cultivo y un refuerzo cuidadosos. Puede ser más fácil pensar en estos rasgos como en semillas y en ti como jardinero. Aunque estos rasgos tarden años en florecer plenamente, es importante plantar las semillas en los primeros años de vida y cuidar su crecimiento con atención.

Consejos para enseñar empatía y amabilidad

- **Modela el Buen Comportamiento y Crea un Ambiente que Muestre Empatía:** La mejor forma de que tu hijo pequeño aprenda cualquier comportamiento es crear un ambiente que ejemplifique los rasgos o cualidades específicos de ese comportamiento. Aprovecha cualquier oportunidad para modelar la empatía y la amabilidad mientras estés con tu hijo y asegúrate de que vea ejemplos de buen comportamiento con frecuencia. Esto puede significar cuidar a un pájaro herido hasta que se recupere, llevar la compra a un vecino anciano o preparar una sustanciosa sopa de pollo para un ser querido enfermo de gripe. Viviendo los valores que queremos que aprendan nuestros hijos, hacemos de su mundo un frondoso jardín lleno de bondad y empatía.

- **Elogia y refuerza:** Las semillas necesitan un riego regular, y el refuerzo positivo puede actuar como una lluvia nutritiva para fomentar el crecimiento. Reconóceles sus buenas acciones y te sorprenderá lo rápido que crece su empatía. Utilizando un lenguaje positivo, puedes ayudar a tu hijo a asociar el buen comportamiento con buenos sentimientos. Además de elogiarle, también puedes darle títulos positivos como "pequeño ayudante"; esto le animará a adoptar la identidad de un colaborador en su vida cotidiana.

- **Ayuda a tu hijo a comprender sus propios sentimientos:** La empatía consiste en ponerse en el lugar de otra persona y comprender su perspectiva, y eso empieza por comprender la nuestra. Pregunta a tu hijo cómo se siente, anímale a explorar sus propias emociones y enséñale a etiquetar sus sentimientos como forma de comprender su profundidad. Puedes hacer que este proceso sea más eficaz viendo vídeos o leyendo libros con tu hijo pequeño sobre las experiencias de otros. Aunque casi cualquier libro o película servirá, intenta elegir los que impliquen a niños que pasan por las mismas situaciones por las que ha pasado tu hijo. Esto les ayudará a establecer similitudes entre su perspectiva y la de los personajes, lo que puede llevarles a sentir emociones más allá de las suyas.

- **Proporciónale oportunidades de ser amable:** Ofrece a tu hijo muchas oportunidades de practicar el arte de ser amable. Dejándole ayudar o realizar pequeños actos de amabilidad, puedes permitirle sentir las emociones positivas asociadas a ser amable y caritativo. También puedes recurrir a juegos de rol para enseñar a tu hijo los distintos sentimientos o formas de ser amable. Aunque no haya nadie cerca para ayudar, tu hijo puede aprender practicando la amabilidad con sus peluches. No hace falta mucho: basta con llevar a sus peluches una falsa taza de té o colocarlos en una silla cómoda (seguido de un elogio) para que adopten la actitud adecuada.

Consejos para enseñar el respeto

- **Define el respeto:** Cuando presentas por primera vez el concepto de respeto a tu hijo, es posible que tenga dificultades para entender lo que quieres decir. La mejor forma de entenderlo es dar una definición clara de la idea de respeto. Puedes elaborar tu descripción como quieras, pero la conversación puede ir más o menos así. "Cariño, el respeto consiste en pensar y actuar de forma que demuestres que te importan los límites y el bienestar de otra persona". Para simplificarlo, podrías decir que se trata de "hablar bien y actuar bien".

- **Enséñale las recompensas del respeto:** Es imprescindible ayudar a tu hijo a darse cuenta del impacto positivo del comportamiento respetuoso. Una forma de hacerlo es hacer lo que yo llamo "La Hora del Cuento Respetuoso". Consiste en contarles historias triunfantes (ficticias o no) sobre chicas y chicos respetuosos. Puedes utilizar estas historias para mostrar a tus hijos las ventajas de ser respetuoso. Estas historias pueden tener cualquier tema, pero intenta centrarte en ilustrar cómo el respeto puede abrir puertas, hacer florecer amistades y fomentar un sentido satisfactorio de la autoestima.

- **Ayúdales a practicar la paciencia:** Una gran parte de ser respetuoso implica ser paciente. Una forma de enseñar a tu hijo a ser paciente es enseñarle a respetar los turnos. En su próxima cita de juegos, dale un juguete con el que sepas que otros niños también querrán jugar. Anima a tu hijo a compartir el juguete y a esperar pacientemente su turno para volver a jugar, elogiándolo cuando lo haga.

- **Haz que el proceso sea divertido:** Al igual que con el juego de rol de la empatía, podemos hacer juegos para ayudar a enseñar respeto a nuestros hijos. "Simón dice..." es un buen juego, pero es mejor jugar a una versión específica que yo llamo Simón dice por favor. En esta versión, puedes ordenar a tu hijo que diga "por favor" antes de realizar una acción. Además de 'Simón dice por favor', puedes hacer una prueba con dibujos. Consiste en mostrar a tu hijo imágenes de actos respetuosos e irrespetuosos, tras lo cual le pides que señale el que considere respetuoso. Estos juegos interactivos pueden hacer que tus lecciones queden grabadas en la mente de tus hijos, de modo que, con el tiempo, el respeto será algo natural para ellos.

Consejos para estimular el aprendizaje y la exploración

- **Ayúdales a descubrir pasiones e intereses:** Uno de los mejores regalos que puedes hacer a tus hijos es la libertad de descubrir lo que les apasiona. Es esencial alimentar el fuego de su pasión y estimular cualquier interés que veas surgir. Nosotros nos esforzamos por exponer a nuestros hijos a diversas experiencias: desde melodías vibrantes en un concierto local (con tapones para los oídos, por supuesto) hasta animales exóticos en el zoo, podrás ver qué actividades despiertan el interés de tu pequeño.

- **Dales experiencias prácticas:** Con su curiosidad innata, los niños pequeños son como pequeños exploradores, y nada sacia mejor su curiosidad que las experiencias prácticas. Suelen tener más facilidad para entender un concepto si pueden extender la mano y tocarlo. Esto se puede ver en los juguetes que les damos, como los bloques para construir o clasificar; estos juguetes no solo mantienen la corta atención de nuestro hijo pequeño, sino que también ofrecen un valor educativo.

- **Encuentra su estilo de aprendizaje y haz que sea divertido:** Existen varios estilos de aprendizaje, como el auditivo (oír), el cinestésico (tocar) y el visual (ver). Nuestra hija, por ejemplo, aprendía visualmente; se empapaba de todas las imágenes y escenas que veía como una pequeña esponja. Descubre a qué responde tu hijo con más frecuencia e introduce ese estilo en lecciones divertidas y emocionantes.

- **Proporciónale amplio apoyo:** Como todo explorador, tu intrépido niño puede encontrarse con obstáculos, desanimarse o luchar contra la inseguridad. Como padre, actuarás como un faro: tu faro de luz brillará a través de la niebla, ofreciéndole orientación y apoyo. Puede que tu hijo se desanime durante muchas experiencias de aprendizaje o exploración, y no pasa nada. Habla con él sobre cualquier ansiedad que esté teniendo e intenta redirigir su atención de forma que le ayude sin perjudicar el proceso de aprendizaje.

Con estos rasgos, tu hijo está preparado para ser una mariposa social

La empatía, el respeto y la pasión por aprender son cualidades que pueden mejorar cualquier aspecto de la vida. Estos rasgos pueden resultar útiles cuando consideramos algo como la socialización, que es vital para el desarrollo de tu hijo pequeño. En el próximo capítulo examinaremos por qué es importante la socialización, cómo desarrollar las habilidades sociales de tu hijo pequeño y cómo encontrar compañeros de juego con los que pueda divertirse.

Trucos para papás del Capítulo 7

Truco #1 para el desarrollo de rasgos: Sé un ejemplo para tu hijo pequeño. Eres el mejor maestro que tendrá tu hijo, y tu comportamiento sirve de marco para su forma de actuar. Intenta ser empático, respetuoso y apasionado en todas las facetas de tu vida, y tu infante hará lo mismo.

Truco #2 para el desarrollo de rasgos: Elogia los esfuerzos, no solo los logros. Aunque cruzar la línea de meta siempre es emocionante, el camino hasta llegar allí es igual de importante. No solo hay que animar a tu hijo cuando tiene éxito, elógialo también cuando se esfuerza.

Truco #3 para el desarrollo de rasgos: Busca oportunidades de aprendizaje cotidianas. Cada día está lleno de pequeñas oportunidades para enseñar a tus hijos valiosas lecciones de vida. Si compras verduras en la tienda, cuéntale a tu hijo brevemente cómo se cultivan. Si ves a alguien que tiene problemas con una puerta, enséñale a tu hijo cómo ayudarle a abrirla. Estas pequeñas lecciones se acumulan y pueden hacer que tu hijo tenga más ganas de aprender y muestre un buen comportamiento.

Truco #4 para el desarrollo de rasgos: Utiliza una "Caja de Valores". Toma una caja o un tarro y llénalo de valores importantes escritos en papelitos. Cada semana, haz que tu hijo saque un papel de la caja de valores. A lo largo de la semana, habla de ese valor e intenta ponerlo en práctica de forma que tu hijo lo entienda. Puede ser una forma divertida y atractiva de que comprendan el concepto que hay detrás de ciertas cualidades.

Truco #5 para el desarrollo de rasgos: Participa en actos de bondad al azar. Nunca dejes pasar la oportunidad de ayudar a los demás, sobre todo cuando tu hijo esté cerca. Puede ser cualquier cosa, desde ayudar a alguien a encontrar a su mascota perdida hasta trabajar como voluntario en un refugio local. Lleva a tu hijo y explícale lo que estás haciendo y por qué es importante. Esto puede inspirarles a hacer lo mismo más adelante.

Capítulo 8

Reunión cerca del pequeño enfriador de agua: Por qué es esencial socializar a tu hijo pequeño

Como padres, diseñamos casi todas las interacciones sociales de nuestros hijos. Es decir, no es como si tu hijo saliera a tomar algo después del trabajo, se reuniera con los chicos en la cancha para jugar al baloncesto o fuera a una convención para hablar de pólizas de seguros. A pesar de su incapacidad para programar sus propias reuniones, muchos niños pequeños ansían vivir experiencias sociales. No solo eso, sino que la socialización desempeña un papel crucial en la formación de su desarrollo. Mientras que algunos niños son sociables por naturaleza, otros pueden necesitar un empujoncito suave para ir en la dirección correcta. Te pondré un ejemplo.

Aunque mi hija es increíblemente creativa e inteligente, tiende a ser un poco más reservada. Mi hijo, en cambio, es una mariposa social, rápido para lanzarse a la aventura y entablar conversación con cualquiera. Cuando íbamos al parque, mi hija a menudo se quedaba mirando mientras mi hijo corría hacia el juego de la selva para hablar con los otros niños. Recordando mi propia tendencia juvenil a la timidez, decidí hablar con ella.

"Hola, cariño, solo quiero que sepas que no pasa nada si te pone nerviosa hacer nuevos amigos", dije mientras nos sentábamos cerca del borde del patio de recreo. "Si quieres, puedo ir contigo y decimos hola juntos". Ella sonrió, me apretó la mano y juntos nos presentamos al equipo del juego de la selva. Al cabo de unos minutos, empecé a hablar con otros padres que estaban cerca y, antes de darme cuenta, mi hija estaba correteando con sus nuevos amigos, compartiendo juguetes y jugando a inventar historias.

Aunque pueda parecer mejor dejar que los niños hagan sus propias cosas, no querrás que caigan en el hábito del aislamiento. Veamos algunas de las razones por las que la interacción social es esencial para los niños pequeños.

6 razones que demuestran por qué la socialización es importante para los niños pequeños

Razón #1: *Potencia sus habilidades para charlar*

¿Te has fijado alguna vez en que tu hijo pequeño parece estar siempre balbuceando? Pues no son todos balbuceos; lo que estás viendo es el desarrollo de los centros lingüísticos del cerebro y su adaptación al mundo que les rodea. Las interacciones sociales, ya sean con adultos o con los compañeros pequeños de tu hijo, pueden potenciar este proceso de desarrollo. Cuantas más conversaciones tenga tu hijo, más rico será su vocabulario y su comprensión.

Razón #2: *Da rienda suelta a su creatividad interior*

Seguro que tu hijo juega a inventar cosas por su cuenta, pero ¿sabes qué puede potenciar aún más su imaginación? La socialización. Un ambiente que proporcione amplias interacciones sociales ayudará a tu hijo pequeño a explorar su capacidad de pensamiento abstracto. Las conversaciones suelen requerir creatividad para desenvolverse, y tu hijo tendrá muchas oportunidades de innovar durante las interacciones sociales. Con el tiempo, su capacidad de improvisación crecerá y florecerá, lo que le permitirá hablar de una gran variedad de temas.

Razón #3: *Aviva su confianza*

Cuanto más socialice tu hijo, más confianza adquirirá para comunicarse con claridad. Este proceso suele empezar por aprender a comunicar sus necesidades; con el tiempo, empezará a construir un fuerte sentido de sí mismo. A medida que descubran quiénes son, estarán mucho más dispuestos a interactuar y aprender del mundo que les rodea. Esta confianza puede constituir la base de la forma en que se les percibe, tanto en su infancia como en los caminos académicos o profesionales que recorran de adultos.

Razón #4: *Les entrena para el trabajo en equipo*

El trabajo en equipo hace posible el trabajo soñado, y tu hijo pequeño necesitará aprender a jugar limpio si quiere salir adelante en la vida. Las raíces de la cooperación crecen en el rico suelo de la interacción social, y tu hijo aprenderá a trabajar en equipo a medida que crezca con su grupo de amigos o compañeros de clase. Esta cooperación puede adoptar casi cualquier forma, como trabajar juntos para construir un castillo de arena o formar un equipo para un juego de simulación en grupo. A medida que crezcan, las habilidades de trabajo en equipo les ayudarán a realizar proyectos en grupo en la escuela, a participar en deportes de equipo y, finalmente, a trabajar con sus compañeros durante su carrera profesional.

Razón #5: *Nutre sus alas de mariposa social*

Tu hijo ha aprendido a andar; ahora es el momento de volar. Desarrollar las habilidades necesarias para ser una mariposa social es todo cuestión de ensayo, error y práctica. Cada interacción, ya sea pelearse por un juguete o reírse por una cara graciosa, es una oportunidad para aprender las mejores formas de compartir, cooperar y mostrar respeto. Antes de que te des cuenta, tu hijo será capaz de revolotear con confianza en cualquier entorno social, con lo que estará bien preparado para futuras interacciones y relaciones.

Razón #6: *Desarrolla su capacidad para sentir empatía*

Ser capaz de ponerse en el lugar de otra persona y ver las cosas desde su perspectiva son habilidades esenciales, que pueden desarrollarse durante las salidas sociales. A medida que tu hijo hable con los demás, aprenderá poco a poco cómo piensan y sienten. Esto, a su vez, fomenta su capacidad de empatía. Gracias a su nueva comprensión, tu hijo podrá responder mejor a las distintas situaciones y emociones. Esto continuará en la edad adulta, permitiéndole desenvolverse en situaciones sociales complejas con dignidad y comprensión.

Cómo desarrollar las habilidades sociales de tu hijo pequeño

Ahora que sabemos por qué son importantes las habilidades sociales, ¿cómo ayudamos a nuestros hijos a desarrollarlas? Aunque la tarea pueda parecer desalentadora, hay infinitas formas de introducir la socialización en la vida de tu hijo pequeño. He aquí algunas formas que me han resultado especialmente eficaces.

- **Pequeños eventos para establecer contactos:** Aunque tu hijo no esté preparado para crear un perfil de Facebook y enviar invitaciones a compañeros de clase o de trabajo, le encanta el ambiente estimulante de una cita de juego en grupo. Como sus habilidades para establecer contactos son limitadas, organizar estas citas de juego dependerá de ti. Si tienes amigos que también son padres, puede ser fácil; si no, puede que tengas que buscar en guarderías locales o grupos de padres en Internet para organizar una por tu cuenta. Sea cual sea el ambiente que elijas, asegúrate de que sea de apoyo, seguro y lleno de posibles actividades.

- **Juega a aparentar:** Motiva a tu hijo a fantasear; mientras lo hace, intenta participar en sus mundos de fantasía y ayúdale a simular distintas situaciones sociales. Si montan un restaurante diminuto, pide una falsa hamburguesa y unas falsas patatas fritas; si tienen puesto un diminuto estetoscopio de plástico, deja que te revisen los latidos del corazón (¡pero no dejes que te receten ningún medicamento!) Estas situaciones les enseñan distintos papeles sociales y además les permiten empatizar con las situaciones de los demás. También les permitirán utilizar sus habilidades para resolver problemas, que les resultarán útiles más adelante durante las interacciones sociales reales.

- **Historias sociales y consejos útiles:** Puedes utilizar la hora del cuento para educar más a tus hijos sobre los encuentros sociales que pueden tener y darles consejos sobre la forma correcta de actuar cuando hablan con los demás. Esto significa enseñarles el contacto visual, cómo utilizar palabras de cortesía como "gracias", "por favor" y "lo siento", y los momentos adecuados para saludar a alguien y decirle adiós.

- **Mantén unas expectativas realistas y un refuerzo positivo:** Todos queremos que nuestros hijos se conviertan en pequeños sociables lo antes posible, pero es importante recordar que los cambios son lentos. Mantén unas expectativas realistas sobre el desarrollo social de tu hijo y elogia sus progresos. Es importante celebrar cada paso que dé tu hijo y dejar que se desarrolle cómodamente a su propio ritmo.

Actividades que pueden enseñar a tus hijos a compartir, resolver problemas y buenos modales

Además de las técnicas anteriores, hay una amplia gama de actividades que puedes utilizar para enseñar a tus hijos valiosas habilidades sociales. Veamos un par de ejemplos de formas de mostrar a tus hijos la alegría de compartir, cómo superar los retos de la resolución de problemas y las mejores maneras de mostrar buenos modales al hablar con los demás.

Actividades para demostrar que compartir es dar cariño

Actividad #1: El intercambio de juguetes

¿Te has fijado alguna vez en que tu hijo se aburre con un juguete y, en cuanto lo coge otro niño, de repente es lo que más quiere? Estos casos son una gran oportunidad para animar a tu hijo a compartir, a esperar su turno y a llegar a un acuerdo. Pregúntale si estaría dispuesto a esperar o a intercambiar juguetes con su amigo en vez de tener un berrinche. Al principio puede resultar difícil, pero al final dejará de interesarse por las lágrimas y empezará a centrarse en lo positivo (¡otro juguete con el que jugar!).

Actividad #2: Batallas de juegos de mesa

Aunque algunos padres pueden ver los juegos de mesa como un angustioso campo de batalla, también pueden ser una forma estupenda de enseñar a tus hijos lo que significa respetar los turnos y la gratificación tardía. Elige juegos sencillos que puedan entender y ayúdales con las partes más difíciles del juego. Si es posible, elige un juego que implique trabajo en equipo, ya que esto puede añadir más valor educativo a la actividad.

Apoya a tu pequeño detective: Actividades para mejorar la resolución de problemas

Actividad #1: *Desbloquea su potencial*

Los bloques de construcción o los legos son algunas de las mejores formas de hacer que la resolución de problemas sea divertida para tu hijo. Ponle retos, como "construye una torre lo más alta que puedas" o "intenta no comerte ninguno de los legos esta vez". Trabaja con ellos y háblales mientras completan su construcción. Esta actividad les ayudará a superar obstáculos, a experimentar lo que es discutir los problemas cuando se presentan e incluso a reírse si acaban fracasando.

Actividad #2: *Resuélvelo*

Sacar un rompecabezas y trabajar en él con tu hijo es una forma estupenda de mejorar su capacidad para resolver problemas. Asegúrate de que no sea demasiado complejo; te recomiendo que empieces por algo sencillo y vayas avanzando si parece que le va resultando más fácil. Habla con ellos sobre cualquier frustración que tengan y recuérdales amablemente que la auto-compasión no resolverá el rompecabezas. Por supuesto, también querrás ayudarles si tienen dificultades, ya que esto puede fomentar su comprensión del trabajo en equipo.

El pequeño amable: Actividades para enseñar buenos modales

Actividad #1: *Modela las palabras mágicas*

Aunque es más un consejo y menos una actividad que se realiza una sola vez, modelar los buenos modales es una de las formas más rápidas de conseguir que tus hijos adquieran hábitos positivos de socialización. Un buen punto de partida es utilizar las tres esquinas del triángulo de los buenos modales: "por favor", "gracias" y "lo siento". Enséñale a tu hijo pequeño el momento adecuado para desplegar estas palabras mágicas, y felicítale cuando utilice cada una de ellas adecuadamente.

Actividad #2: *Los modales a la hora de comer significan postre al terminar*

Otra actividad social que requiere buenos modales es la hora de comer, y enseñar a tu hijo pequeño los detalles de la buena mesa puede asegurar que la cena sea un poco menos desordenada. Dile que te ayude a poner la mesa, a sacar los cubiertos (no afilados) y a repartir las servilletas. Sí, a veces esto significará que los tenedores caerán al suelo antes de llegar a la mesa, pero se trata de dar pequeños pasos. Si completan con éxito las tareas de la cena, sorpréndeles con un poco de postre. Esto les ayudará a recordar sus buenos modales para la próxima vez.

Cómo encontrar compañeros de juego y planificar citas para jugar

Si aún no tienes amigos, vecinos o familiares con hijos, encontrar compañeros de juego para tus hijos puede llevarte algún tiempo. Afortunadamente, hay algunas formas de iniciar este proceso. Empieza buscando grupos de padres o de juego en las redes sociales. Facebook suele tener algunos grupos en tu zona, aunque siempre es importante revisarlos en persona antes de llevar a tu hijo. Si no encuentras ninguno, puedes plantearte crear el tuyo propio. También puedes encontrar compañeros de juego en eventos familiares. Puede parecer incómodo, pero entabla conversación con otra familia mientras asistes con tus hijos. ¡Te sorprendería saber cuánta gente también está deseando encontrar compañeros de juego!

Otra forma estupenda de encontrar compañeros de juego es matricular a tu hijo en una guardería o en un centro preescolar. Las guarderías son estupendas para los niños que aún no han alcanzado la edad preescolar; estarán muy bien atendidos mientras se relacionan con otros niños de su edad y se lo pasan en grande jugando y comiendo bocadillos. Una vez que tu hijo alcance la edad adecuada, el preescolar es una forma muy eficaz de impulsar su desarrollo. Además de la socialización, un buen centro preescolar les ayudará también a desarrollar sus capacidades cognitivas y motoras.

5 ideas para citas de juegos positivas

1. **Haz un poco de manualidades:** Organiza un día de manualidades y deja que tu grupo de juego se ponga manos a la obra con unos macarrones, pegamento no tóxico, pinturas y brillantinas. De hecho, deja las chispas brillantes en casa, son una pesadilla para limpiar.

2. **Diviértete con la comida:** Ten una pequeña clase de "cocina" con el grupo de juego de tu hijo pequeño dejándoles que preparen sus propios bocadillos. Pueden ser tan sencillos como galletas saladas, queso y carne, pero puedes darle el estilo que quieras.

3. **Luces, sombras, acción:** ¡Es hora de montar un espectáculo! Enseña a tu grupo a hacer diferentes marionetas de sombras, e intenta por todos los medios montar un espectáculo en colaboración. Casi seguro que será un desastre, pero te prometo que será muy divertido.

4. **Tango para niños pequeños:** ¡Pon música de baile y muévete! Además de conseguir que tu hijo se sienta cómodo expresándose entre sus compañeros, esta actividad también quema parte de esa energía sin límites que pueden tener los niños. Créeme, pronto llegará la hora de la siesta.

5. **Al aire libre:** Es importante salir a la naturaleza, ¿y qué mejor manera de hacerlo que con amigos? Si los padres de tu grupo se sienten cómodos y algunos aceptan hacer de acompañantes, planifica una excursión de un día. Puede ser a un simple sendero, o a una actividad divertida como el minigolf. En cualquier caso, ¡deja que tus hijos se asoleen un poco!

Tu hijo tiene una cita para jugar, pero ¿qué se va a poner?

Como padres, puede ser un poco difícil saber cuáles son las tendencias actuales de la moda para los niños pequeños (o incluso para nosotros mismos, a decir verdad.) En nuestro próximo capítulo, veremos algunas formas de crear un vestuario funcional y a la moda, cómo elegir conjuntos para eventos especiales y qué significa "añadir accesorios".

Trucos para papás del Capítulo 8

Truco #1 para la socialización: La colaboración es crucial. Cuando diseñes actividades para que tus hijos participen con otros, intenta incluir un elemento de trabajo en equipo. Esto puede significar tener que pintar todos juntos en el mismo lienzo, trabajar en equipo para crear divertidas manualidades o preparar bocadillos para los demás. Piénsalo como un ejercicio de formación de equipos para niños pequeños; aprenderán a compartir, colaborar y resolver problemas en grupo.

Truco #2 para la socialización: No compartas solo juguetes, comparte sentimientos. Un elemento importante en el desarrollo de las habilidades sociales es la empatía, y eso empieza por comprender las emociones. Anima a tu hijo pequeño a compartir sus sentimientos y a contarte las emociones que experimenta.

Truco #3 para la socialización: Utiliza animales de peluche como dobles. No siempre es posible quedar para jugar, pero tus hijos pueden hacer juegos de rol con sus peluches o juguetes favoritos. Dales escenarios para que los representen y enséñales la forma correcta de afrontar las distintas situaciones. Esto facilitará mucho las cosas en la vida real.

Truco #4 para la socialización: Club de lectura para niños. Probablemente ya lees regularmente con tus hijos, pero puede ser útil añadir un poco de debate después. Habla de los sentimientos y acciones de los personajes, y pregunta a tu hijo qué piensa de ellos. Esto fomentará su comprensión de las señales sociales y de cómo los distintos contextos se relacionan con las interacciones sociales de la vida real.

Truco #5 para la socialización: Habla, habla, habla. Involucra a tu hijo pequeño en conversaciones tanto como sea posible, ya sea sobre juguetes, programas de televisión, tentempiés o cualquier otra cosa que le apasione. Puede que su vocabulario sea limitado, pero cuanto más hables, más palabras aprenderá por el camino.

Capítulo 9

Caos de ropa y guerras de vestuario: Cómo vestir a tu hijo pequeño con éxito

Si eres como yo, probablemente no estés al día de las últimas tendencias que surgen en el mundo de la moda. La mayoría de los padres (yo también me incluyo) nos conformamos con ponernos los mismos pantalones vaqueros que llevamos una semana, cubrirnos el pelo desordenado con una gorra y sacar nuestra única camisa abotonada buena cuando nos dicen "ponte algo bonito para esta noche". Desgraciadamente, este método de vestir desaliñado no le servirá a tu hijo. Un buen atuendo no solo puede aumentar la confianza de tu hijo y permitirle socializar más fácilmente, sino que también puede servir para otros fines funcionales.

Por ejemplo, una buena ropa puede ayudar a tu hijo a enfrentarse a cualquier inclemencia del tiempo. Para asegurar que tu hijo esté cómodo, feliz y seguro, necesitarás adaptar tu ropa a la estación del año o a las inclemencias del tiempo. Piensa en la mejor forma de proteger a tu hijo de la lluvia, el viento, el sol o la nieve; en la mayoría de los casos, necesitarás varias prendas distintas para hacer frente a estas condiciones. Los meses fríos necesitarán una chaqueta o un suéter bien forrados, los meses húmedos de la primavera se capean mejor con un buen impermeable, y los tejidos ligeros y transpirables les ayudarán a refrescarse durante el verano.

Otra cosa a tener en cuenta es que el acto de vestir a tu hijo no siempre será fácil. Aunque solo intentes ayudarles vistiéndoles, es posible que encuentres resistencia. Puedo decirte que he tenido batallas épicas intentando que mis hijos se pongan la ropa para llegar a tiempo a algún sitio. Los calcetines vuelan por la habitación, la ropa va a parar a los ventiladores de techo y, si no tienes cuidado, empezarás el día con un niño pequeño saliendo a la calle desnudo.

La forma de evitar estas guerras es encontrar un vestuario que entusiasme a tu hijo. Un buen objetivo a tener en cuenta durante este viaje debería ser simplificar al máximo el proceso de vestirse. Una de las mejores formas de hacerlo es con una pequeña técnica de moda conocida como "armario cápsula".

Sencillo, funcional y divertido: Cómo los 'armarios cápsula' pueden resolver tus frustraciones con la moda

¿Qué es un 'armario cápsula'? Básicamente, es un conjunto de prendas esenciales que no pasan de moda (por lo que están como en una "cápsula del tiempo"). Este armario puede incluir una variedad de camisas, pantalones, abrigos y cualquier otra cosa que a tu hijo le guste llevar. Los armarios cápsula simplifican el proceso de vestir a tus hijos creando un conjunto de prendas diferentes que puedes mezclar y combinar. También ahorrarás espacio, ya que más ropa a juego significa menos conjuntos individuales abarrotando el armario de tu hijo. Además, como todo queda bien con todo, puedes dejar que tu hijo elija su ropa sin miedo a que parezca que le ha sorprendido un tornado en la sección infantil de una tienda de segunda mano.

Cómo crear un 'armario cápsula' para tus hijos

1. **Encuentra las prendas clave:** Una cualidad fundamental de un buen armario cápsula es la versatilidad. Elige prendas básicas que puedas combinar con casi todo. También debes elegir prendas apropiadas para el tiempo o la estación, que puedas cambiar cuando sea necesario. Esto puede incluir:

   - Camisetas de colores sólidos
   - Camisas abotonadas de tonos neutros
   - Pantalones de mezclilla azules
   - Faldas sencillas
   - Ropa interior y calcetines de color oscuro (para las manchas)
   - Abrigos gruesos (para el invierno)
   - Suéteres o sudaderas con capucha (para el otoño)
   - Impermeables
   - Chaquetas ligeras
   - Zapatos a juego (o botas para la época de lluvias)

   En cuanto a la cantidad, recomiendo tener de 5 a 8 camisetas, de 4 a 6 pantalones, 1 o 2 jerséis o abrigos, 1 o 2 vestidos o mamelucos, 7 pares de ropa interior, 7 pares de calcetines, 2 pares de zapatos, 2 pares de pijamas y 1 o 2 conjuntos para ocasiones especiales. Por supuesto, la cantidad que elijas depende de ti. También suelo elegir prendas con broches o cremalleras, ya que son más fáciles de manejar que los botones. Además, es menos probable que tus hijos intenten arrancar una cremallera y comérsela (no se puede decir lo mismo de los botones, que los niños pequeños parecen encontrar bastante apetitosos).

Una nota sobre los artículos de temporada: asegúrate de alternar partes de tu cápsula cuando se acerque el invierno o el verano. Como un 'armario cápsula' está diseñado para que tu hijo pueda elegir su propia ropa, no querrás que accidentalmente se ponga un abrigo de invierno en verano o se olvide de ponerse un jersey cuando haga frío.

2. **Deja que tu hijo elija:** Los 'armarios cápsula' deben diseñarse para que se ajusten al estilo individual de tu hijo, pero deben ser lo bastante sencillos como para que pueda elegir qué ropa quiere ponerse. También deberías incluir a tu hijo en el proceso de toma de decisiones sobre algunas de las compras. Deja que te indique algunas prendas que muestren su personalidad, ya sea una camiseta con su superhéroe favorito, un vestido decorado con su tipo de flor favorito o un par de tenis luminosos que muestren sus colores preferidos. Tener algunos toques personales en su vestuario hará que les guste más vestirse y puede despertar su interés por aprender a vestirse solos.

3. **Calidad sobre cantidad:** Mientras que un armario tradicional puede tener docenas de prendas diferentes, un 'armario cápsula' es todo cuestión de eficiencia. Como querrás que las pocas prendas seleccionadas del armario duren, es esencial comprar telas duraderas y de alta calidad. Es probable que estas prendas se laven muchas veces, y querrás que aguanten el desgaste frecuente al que pueden enfrentarse a lo largo de su vida.

4. **Revisa y ajusta:** Las preferencias de tu hijo cambiarán con el tiempo, y tú quieres que esté contento con lo que se pone. Los 'armarios cápsula' son flexibles y pueden actualizarse cuando quieras, pero conviene hacerlo de forma semirregular. Cada ciertos meses, puedes revisar con tu hijo

si hay alguna prenda que ya no le guste ponerse. Puedes cambiarlas por otras nuevas o intercambiarlas con otro padre/madre si sus hijos usan tallas similares.

Cómo vestir a tu pequeño(a) para las ocasiones especiales

Ya sea una gran fiesta de Navidad, una boda familiar o el cumpleaños de un ser querido, tu hijo pequeño se involucrará más en el evento si se viste bien. Tu hijo te verá con tu mejor traje y corbata y, como en tantos otros aspectos de la vida, querrá imitarte.

Es bueno tener un par de conjuntos con los que puedas vestir a tus hijos en ocasiones especiales, aunque la tarea puede ser un poco más difícil de lo que parece. Para empezar, tendrás que asegurarte de comprar algo que combine con la ocasión. No hay razón para que tu hijo lleve un esmoquin diminuto a una reunión familiar informal; en el otro extremo del espectro, un disfraz de Minions no sería apropiado para una boda. Intenta encontrar un traje funcional para eventos formales (un bonito mini traje o vestidito) y una camisa de botones o blusa menos formal.

También querrás asegurarte de que, elijas lo que elijas, sea cómodo. No sabes lo doloroso que es elegir un buen traje para tu hijo, solo para tenerlo retorciéndose en los brazos de la chaqueta y gritando en medio de una ceremonia. Asegúrate de que la ropa no le aprieta ni le queda demasiado holgada y de que el tejido interactúa cómodamente con la piel de tu hijo. Es importante dejar que se pruebe la ropa antes de comprarla y, una vez lo hayas hecho, hacer que la lleve puesta unas horas antes del evento. La ropa también debe ser sencilla, para que no tengas que pelearte con botones complicados cuando la cuenta regresiva del "estoy a punto de hacerme pis encima" esté en marcha. Incluso con esta preparación, los accidentes ocurren, así que lleva un cambio de ropa extra por si acaso.

Al igual que con tu 'armario cápsula', también es vital tener en cuenta el tiempo. Esa camisa abotonada no servirá en invierno, y una chaqueta de traje pesada podría dejar a tu hijo sudando en primavera o verano. Si el evento es al aire libre, deberás tener en cuenta el sol. Un buen sombrero puede evitar que tu hijo se deslumbre o se queme con el sol. Por supuesto, tu hijo puede tener sus preferencias sobre lo que quiere ponerse (y debes tener en cuenta sus opiniones), pero si intenta ponerse algo demasiado grueso en un día caluroso, tendrás que impedirlo.

Hora de los accesorios

Como padre, es posible que no sepas lo que significan las palabras "complementar con accesorios" (sé que yo no lo sabía). Pero, por extraño que parezca, es algo que probablemente haces con tu propia ropa todos los días. La palabra "accesorios" se refiere básicamente a los "extras" que nos ponemos además de la base de camisa y pantalón de nuestros conjuntos. Para los padres, eso significa relojes, gafas de sol, sombreros y cinturones. Para tus hijos pequeños, puede significar lo mismo y más (excepto quizá un reloj, no es como si tuvieran citas a las que acudir).

3 consejos para ayudar a tu hijo a vestirse con accesorios

Consejo #1: *Que sea apropiado para la edad y cómodo*

Sí, puede parecer genial poner un pequeño alfiler de puño o un pañuelo de bolsillo en el traje de tu hijo; pero es importante recordar que el atuendo debe ser apropiado para su edad. Es muy posible que tu hijo se arranque objetos más pequeños e intente tragárselos, y todo lo que lleve puesto corre el riesgo de ensuciarse o estropearse. No le des a tu hijo ningún accesorio que mida menos de centímetros

(1 ¼ pulgadas) de diámetro o menos de 6 centímetros (2 ¼ pulgadas) de longitud; así, no podrán quedarse atascados en su tráquea.

Además, deberás asegurarte de que todo lo que les des sea cómodo. Claro que parece una idea divertida regalarle a tu hijo un sombrero de copa y un monóculo para que parezca el 'Hombre del Monopoly' en la boda de tu hermano. Pero tendrá menos gracia cuando el sombrero se le deslice sobre los ojos, tropiece y su caro monóculo se estrelle contra el suelo. Básicamente, todo lo que pueda herirles o dificultarles el movimiento está totalmente prohibido.

Consejo #2: *Deja que ellos añadan su propio toque*

Si tienes algunas joyas, pulseras, cinturones o pañuelos que sean apropiados para el evento y el tiempo, deja que tu hijo elija entre unos cuantos para personalizar su atuendo. Por supuesto, deberás mantener esto dentro de lo razonable. Si lo dejas a su antojo, podría ponerse un número ridículo de collares o moños.

Además de evitar el exceso de accesorios, deberás asegurarte de que ninguno de los artículos sea tan pequeño que se lo pueda tragar o tan escandaloso que pueda provocar una escena. Recuerdo que uno de los accesorios que mi hija llevó a una reunión familiar fue su hámster, Charles. No nos enteramos de que Charles asistía al evento hasta que lo vimos perseguido por el perro de mi madre, Max, por todo el patio trasero. Por suerte para Charles, Max volcó un plato de hamburguesas recién cocinado durante su persecución y se detuvo para ir a por la comida más fácilmente.

Consejo #3: *Unos buenos zapatos son imprescindibles*

Una de las quejas más habituales que oigo de mis hijos cuando asistimos a un evento especial es: "¡Papá, me duelen los pies!". Aunque un calzado cómodo es importante sea cual sea la ocasión, puede ser complicado enfrentarse a una emergencia en los pies si estás en una boda o una fiesta lejos de casa. Si vas a asistir a un evento que requiera calzado formal o de vestir, asegúrate de llevar calzado de repuesto por si tus hijos experimentan alguna molestia. También deberás tener en cuenta el tiempo. Si las previsiones anuncian lluvia (aunque sea leve), querrás llevar botas de hule. Si puede haber nieve, un par extra de calcetines o botas calentitas puede ser un salvavidas.

Estamos bien encaminados en nuestro viaje; es hora de tomarse un descanso

Hasta ahora hemos tratado muchos temas y nos hemos ocupado de varias formas de cuidar adecuadamente a tu hijo pequeño. Pero, ¿qué hay del cuidado de ti mismo? Como padre, mantener tu propia salud mental y física es esencial. Si no estás funcionando al máximo de tus posibilidades, ¿cómo puedes dar lo mejor de ti a tu hijo? En nuestro próximo capítulo, hablaremos de algunos consejos de autocuidado que puedes utilizar para asegurar que estás preparado para dar un paso al frente cada día y seguir bateando a mil.

Trucos para papás del Capítulo 9

Truco #1 para el vestuario: La seguridad es lo primero. Aunque hacer una bonita foto de familia o dar a tu hijo cierta libertad de moda es importante, la prioridad número 1 absoluta es la seguridad. Asegúrate de que los artículos que elijas para tu hijo, o que él elija para sí mismo, sean adecuados para su nivel de desarrollo actual y para el ambiente en el que los vaya a vestir.

Truco #2 para el vestuario: Intercambiar ahorra dinero. Está bien ir de compras de vez en cuando, y yo no trataría de impedirte que le compraras a tu hijo un bonito conjunto de ropa nueva o algunos accesorios que le entusiasmen. Pero es esencial que tengas en cuenta que tu hijo crecerá rápidamente. Muchas de estas prendas le quedarán pequeñas en poco tiempo. Para evitar el despilfarro, considera la posibilidad de intercambiar o reutilizar la ropa usada. Intercambiar con otros padres y utilizar prendas usadas es una forma estupenda de seguir siendo frugales y evitar el gasto innecesario.

Truco #3 para el vestuario: Toma fotos de los armarios cápsula. Las fotos pueden facilitar aún más el ya simplificado proceso de utilizar 'armarios cápsula'. Dispón cada una de tus combinaciones de ropa y hazles una foto, poniéndoles etiquetas si necesitas que sean más fáciles de identificar (por ejemplo, Tiempo de Verano # 1, Tiempo de Invierno # 1, etc.) Luego, encontrar una prenda es tan fácil como señalar una de las fotos. Esto también puede facilitar que tu hijo se vista solo (cuando llegue a ese punto de su desarrollo).

Truco #4 para el vestuario: Deja que se diviertan un poco. Es comprensible que no permitas que tu hijo se vista exactamente como quiere cada día. Hay razones prácticas para ello (los niños pequeños pueden no entender que la ropa puede ensuciarse o podrían llevar una prenda que puede ponerles en peligro en determinadas condiciones meteorológicas) y razones personales (no quieres que tu hijo se vista como un dinosaurio para ir a la graduación). Dicho esto, deja que se den rienda suelta de vez en cuando. Les animarás a ser creativos, y conseguirás unas fotos estupendas con las que avergonzarles más tarde.

Truco #5 para el vestuario: Quitar las manchas difíciles puede ser sencillo. Tu hijo inevitablemente cogerá la ropa que has elegido con tanto cuidado y la pasará por todo tipo de barro, comida y suciedad. Para las manchas especialmente difíciles, yo utilizo una mezcla de jabón de lavar platos, agua oxigenada y bicarbonato de sodio. Las medidas no tienen que ser exactas, pero recomiendo usar una cucharadita de cada cosa y medir si necesitas añadir más a la mezcla. Frota ese preparado en la mancha y déjalo toda la noche. Luego enjuágala y mándala a la lavadora. Esto puede funcionar muy bien para la grasa y otras manchas difíciles.

Capítulo 10

T.I.M.E. para mí: La mejor forma de que los padres practiquen el autocuidado

Como papá, tus responsabilidades a menudo incluyen no solo tus deberes como padre, sino también tus responsabilidades como compañero, amigo y empleado. Al cabo de un tiempo, el peso de estas expectativas puede hacerse pesado y puedes empezar a sentirte un poco agotado. Cuando esto ocurre, algunas personas optan por ignorar la luz intermitente de revisar el motor que brilla en sus cerebros y simplemente siguen conduciendo. Pero déjame contarte una historia de lo que ocurre cuando ignoras esa luz de advertencia durante demasiado tiempo.

Hace un tiempo, empezaba a sentir los síntomas reveladores del agotamiento, pero pensé que no había tiempo para hacer nada al respecto. En lugar de abordar mis sentimientos, decidí ignorarlos para cumplir mis obligaciones en el trabajo y en casa. Esto duró varias semanas, hasta que un día tuve que presentar los avances de un gran proyecto ante varios jefes de departamento. Como puedes imaginar, esa mañana mi mente estaba un poco preocupada antes del trabajo. Aun así, corrí a la cocina para preparar los almuerzos de mis hijos antes de meter los documentos de la presentación en el maletín. Después metí a los niños en el coche y los dejé en la guardería y en la escuela. Cuando llegué al trabajo, me armé de valor con una taza de café negro bien caliente y entré en la sala de conferencias para prepararme. Mientras mis compañeros tomaban asiento, abrí el maletín para coger los documentos. Pero no había ningún documento. En su lugar, había dos bocadillos de mantequilla de cacahuete y mermelada con la corteza cortada, dos bolsitas de manzanas troceadas, dos galletas y dos cajas de zumo. A menos que pudiera improvisar de algún modo una nueva presentación sobre las ventajas fiscales de la mantequilla de cacahuete y la mermelada, esta presentación no iba a salir bien.

Aunque esta confusión en el almuerzo puede parecer adorable, y mis jefes fueron muy comprensivos, me siento increíblemente afortunado de no haber tenido un desliz más grave. Con lo poco que dormía y lo poco que me cuidaba, podría haber tenido un accidente cocinando, conduciendo o haciendo cualquier otra cosa peligrosa. Aunque hubiera evitado un accidente peligroso, seguramente estaba rindiendo peor de lo habitual en mi trabajo y como padre. Por eso es tan esencial tomarse tiempo para recargarse y renovarse. La mejor forma de empezar es aprender a equilibrar tus responsabilidades en el trabajo y en casa. Veamos cinco formas de mantener en equilibrio la vida de padre y la vida laboral.

5 formas de balancear la vida laboral y la vida de papá

Manera #1: *Establece límites y haz que tu tiempo cuente*

Trazar una línea divisoria clara entre el trabajo y la vida familiar puede ser difícil, sobre todo si trabajas desde casa. A pesar del reto, es importante establecer unos límites razonables; querrás crear un horario que te permita pasar tiempo de calidad con tu familia y seguir haciendo tu trabajo. Entabla un diálogo con tu pareja e intenta ajustar tu horario de trabajo de forma que te permita alternar las tardes o noches con tus hijos. Es esencial estar ahí para los grandes momentos, lo que significa priorizar la calidad sobre la cantidad. Es mejor tener interacciones significativas en las que participes plenamente que grandes espacios de tiempo en los que no puedas prestar a tus hijos la atención que ellos se merecen.

Manera #2: *Comunica y delega*

Una comunicación familiar sólida es vital. Piénsalo así: en lugar de utilizar una lata y un poco de cuerda (es decir, comunicar lo mínimo), ¿no preferirías hablar con un flamante smartphone? La comunicación de alto nivel implica hablar con tu pareja abierta y honestamente, al tiempo que le animas a hacer lo mismo. No tengas miedo de hablarle de tus responsabilidades laborales, y ver si es posible delegar algunas tareas en casa cuando tu trabajo empiece a ser un poco frenético. También querrás comunicarte con tus supervisores o jefes, haciéndoles saber cuándo necesitas cosas como un permiso de paternidad, un permiso médico familiar, vacaciones o un horario más flexible. Esto puede hacer que una gran carga de trabajo sea mucho más manejable, lo que a su vez creará una vida familiar más libre de estrés y feliz.

Manera #3: *Trae y construye*

Si quieres que tus hijos comprendan dónde pasas el tiempo lejos de ellos, plantéate enseñarles lo que haces en el trabajo. Crea una conexión compartiendo historias sobre tu trabajo y lleva a tus hijos a eventos laborales cuando sea apropiado. Al hacer esto, también puedes conectar con otros padres o progenitores con los que trabajes y crear una sólida red de apoyo. Puedes intercambiar historias, consejos, organizar citas para jugar y preguntar a los otros padres cómo equilibran su vida familiar y laboral.

Manera #4: *Aprende a lidiar con los golpes*

Ser padre consiste en adaptarse; querrás mantenerte ágil y listo para improvisar con la siempre cambiante lista de tareas del trabajo y del hogar. La paternidad es un oficio para toda la vida, y ser un buen modelo significa mantener la calma bajo presión. Habrá semanas en las que tu jefe parezca amontonar un encargo tras otro sobre tu mesa; otras veces, pueden surgir problemas con tus hijos o tu cónyuge. En esos momentos es importante dar un paso atrás, respirar y crear con calma un plan para superar las malas rachas.

Manera #5: *Establece expectativas y dedícate al autocuidado*

Solo eres una persona y, seas quien seas, lo que un padre puede hacer tiene un límite. Teniendo en cuenta estas limitaciones, crea un conjunto de expectativas realistas y razonables sobre lo que puedes hacer en el trabajo y en casa. También puedes hablar con tu pareja sobre las áreas en las que puedes necesitar ayuda. Identificar estas áreas problemáticas puede ayudarte a encontrar formas de tener algo de tiempo libre y cuidarte a ti mismo. Lo que incluirá tu autocuidado puede variar, pero normalmente significa comer sano, hacer ejercicio, dormir lo suficiente y pasar tiempo con tus amigos. Estas, y otras actividades que consideramos "autocuidado", son esenciales si quieres mantenerte en pie y al día de tus obligaciones.

¿Por qué es importante el autocuidado para los padres?

Todo el mundo necesita tiempo para cuidarse, sea padre o no. Dicho esto, ser padre se parece mucho a ser un enchufe con demasiadas cosas conectadas. Con tantas responsabilidades drenando nuestra energía, ¿cómo podemos recuperarla? La respuesta es el autocuidado. Con el autocuidado, puedes recargar las pilas y mejorar tu salud física y mental a largo plazo. Aunque tus hijos deben ser tu prioridad número 1, eso no significa que debas descuidarte a ti mismo. Concentrarte en tu propio bienestar puede ayudarte a administrar el estrés, evitar un posible agotamiento y asegurar que te enfrentas a la paternidad con la energía positiva que requiere.

Una sólida rutina de autocuidado no solo mejorará drásticamente tu propia vida, sino que también puede repercutir positivamente en tus relaciones. Si tu salud mental y emocional está en plena forma, podrás tener interacciones más sanas y felices con tu pareja y tus hijos. Además, cuando tus hijos te vean cuidarte con una sonrisa, aprenderán lo importante que es mantener su propia salud y felicidad.

Incluso sin los beneficios para la salud, los padres necesitan mantener un sentido de identidad y de sí mismos al margen de ser padres. No me malinterpretes, tu papel de padre es importante, pero dedicar energía a tus aficiones, intereses personales y amistades puede conducir a una vida más plena y completa. El autocuidado también puede proporcionarte una mayor autoestima y confianza en ti mismo, y ambas cosas mejorarán tu estancia en casa, en el trabajo y en cualquier otro lugar de tu vida.

Entonces, ¿cuál es la mejor manera de dedicarse al autocuidado? Bueno, la forma de recargarte depende enteramente de ti, pero hay algunas técnicas de eficacia probada que puedes utilizar para sacar el máximo partido a tu tiempo conmigo. Yo personalmente utilizo algo llamado "el método T.I.M.E.". Desglosemos los cuatro componentes de este método y veamos cómo puedes aplicarlo a tu propia vida.

El método T.I.M.E. para el autocuidado

El método T.I.M.E. (que significa Tiempo, Intención, Mindfulness [Atención Plena] y Ejercicio) es una técnica de estructuración que puede permitir a cualquiera utilizar su tiempo de autocuidado de la forma más eficiente posible. El primer paso consiste en analizar cómo podemos maximizar nuestro tiempo libre y por qué podemos tener más horas a la semana de las que pensamos.

T: *Tiempo*

A veces, ser padre puede parecer como girar platos en un circo. Estás en el escenario, haciendo equilibrios y girando todos esos platos, e intentas por todos los medios que no se caiga ninguno. Esto ya es bastante difícil, así que puede parecer ridículo intentar hacer girar también un plato "para mí". Sacar unas horas entre las exigentes responsabilidades de la paternidad y el trabajo puede ser complicado, pero no imposible. La clave es recordar que el autocuidado no es un capricho, sino una inversión. Los beneficios del autocuidado superan con creces a los negativos, y el estímulo que obtendrás puede hacer que otras tareas de tu vida sean mucho más fáciles.

Dado que solo hay un número limitado de horas al día, necesitarás ser creativo a la hora de reservarte una porción del pastel del autocuidado. Recuerda que tu "tiempo para mí" no tiene que tomarse de una sola vez. Aprovecha esos pequeños descansos que haces a lo largo del día: la hora de comer, el tiempo libre por la noche o cuando tu hijo se echa la siesta. Utiliza estos espacios de tiempo para meditar, leer algunos capítulos de un libro o simplemente sentarte en silencio y respirar profundamente.

En algunos casos, conseguir incluso estos pequeños momentos requerirá establecer algunos límites nuevos. Cuanto más fuertes sean estos límites, más tiempo conseguirás. Puedes empezar por tener esa conversación con tu jefe que he mencionado antes (la relativa al trabajo fuera de la oficina). Intenta llegar a un acuerdo entre la accesibilidad total (contestar correos electrónicos en todo momento, hacer proyectos de trabajo en casa) y la libertad total (borrar a tu jefe de tus contactos en cuanto llegue el viernes). Además de poner en orden tu trabajo, puedes ajustar tu horario de sueño para despertarte un poco más temprano, dándote tiempo para ti mismo antes de que los demás se despierten. De todos modos, si puedes, intenta establecer franjas significativas de tiempo solo para ti. Si todo lo demás falla, pide refuerzos. Habla con familiares, amigos y seres queridos sobre los momentos en que pueden hacer de niñeros o ayudarte con algunas tareas domésticas. ¡No es ninguna vergüenza pedir un poco de ayuda!

I: *Intención*

La siguiente sección requiere un poco de autorreflexión. ¿Qué áreas de tu autocuidado crees que necesitan más atención? ¿Es tu salud física, tu salud mental, tus intereses personales o algo relacionado con tu trabajo? ¿Cuáles son tus valores y objetivos? Responder a estas preguntas te ayudará a definir tu intención y a aprovechar mejor tu tiempo libre.

La mayoría de tus intenciones deben estar basadas en las expectativas que te fijes para ti mismo. Es esencial ser realista y recordar que la vida puede ser impredecible. Un día puede ir como la seda, permitiéndote cumplir todos tus eventos programados, mientras que el siguiente puede suponer un torbellino de correos electrónicos de trabajo urgentes y rabietas de niños pequeños. Si al final no consigues hacer todo lo que tienes en tu lista de tareas pendientes, no pasa nada. Celebra tus victorias, aprende de tus derrotas y ten presente que cualquier cantidad de autocuidado es una victoria.

M: *Mindfulness (Atención plena)*

Si es posible, intenta introducir un elemento de atención plena en tu rutina de autocuidado. Yo empiezo el día meditando y respirando profundamente. Dar a mi cerebro un descanso de los demás (y de las distracciones del teléfono o la computadora) me permite poner los pies en la tierra y empezar el día con la cabeza despejada.

Lo bueno de la atención plena es que no necesitas meditar para practicarla. Intenta concentrarte en tu próximo paseo, comida o momento a solas; me refiero a experimentar realmente el momento. Muy a menudo, en la vida nos limitamos a seguir el ritmo, pulsando el botón del piloto automático y dejando que un día se convierta en otro. Conéctate contigo mismo y con el ambiente que te rodea; te sorprenderá lo rápido que bajan tus niveles de estrés.

E: *Ejercicio*

Aunque una rutina de autocuidado puede incluir cualquier cosa que revitalice tu espíritu o te recargue las pilas, siempre recomiendo añadir algo de actividad física a la mezcla. Ya hemos hablado antes de lo beneficioso que es el ejercicio para tu hijo, pero también tiene una amplia gama de beneficios para los adultos, entre ellos:

- Mejora tu salud cardiovascular
- Aumenta la calidad del sueño
- Reduce el riesgo de enfermedades crónicas
- Mejora tu estado de ánimo mediante la producción de endorfinas
- Optimiza la función cerebral
- Reduce el estrés y la ansiedad
- Mejora de la confianza en uno mismo y la autoestima
- Aumenta el flujo sanguíneo y el oxígeno al cerebro
- Te ayuda a mantener un peso saludable
- Mejora tu vida sexual

El ejercicio también puede reducir esa omnipresente fatiga de papá por la que todos pasamos. Personalmente, me volvería loco sin el gimnasio. Antes de empezar a hacer ejercicio, tenía una calidad de vida definitivamente inferior, ya que dependía únicamente de la cafeína para tener la energía suficiente para pasar el día. No solo estaba irritable y cansado, sino que mi rendimiento en el trabajo empezaba a bajar. Por supuesto, el ejercicio no tiene por qué consistir en levantar pesas. Caminar, correr e incluso utilizar nuevas tecnologías como la realidad virtual pueden ayudarte a sudar y obtener muchos de los beneficios mencionados.

Nuestro viaje está a punto de concluir

Ahora que nuestro tiempo juntos en este viaje de consejos sobre niños pequeños llega a su fin, quiero hablar un poco sobre las mejores formas de trabajar con tu esposa o pareja como padres. En nuestro capítulo final, veremos la importancia de trabajar juntos, las técnicas más fructíferas que puedes utilizar para establecer metas de crianza, las mejores formas de manejar los desacuerdos y las maneras más adecuadas de apoyar a tu pareja o co-padre.

Trucos para papás del Capítulo 10

Truco #1 del autocuidado: La magia de la preparación de comidas. Si quieres ahorrar tiempo y energía que podrías emplear mejor en cuidarte, considera la magia de la preparación de comidas. Dedica un día a la semana a cocinar y preparar comidas sanas. Es increíble el tiempo que se ahorra; además, disminuye la probabilidad de que pases por un autoservicio o compres algo frito o congelado en un día ajetreado.

Truco #2 del autocuidado: La poderosa siesta. Tu bebé no es el único que puede beneficiarse de una buena siesta. Si tú mismo tienes 30 minutos libres, baja la persiana y échate una siesta. Incluso un breve descanso puede darte el empujón que necesitas para seguir adelante hasta que puedas tener algo de tiempo para ti.

Truco #3 del autocuidado: Hace falta un pueblo. Las redes de apoyo son un elemento crucial de la crianza, sobre todo si quieres encontrar tiempo para el autocuidado. El material con el que construyas tu red depende de ti. Ya sean familiares, amigos o personas que conozcas en comunidades y grupos de crianza, tu red de apoyo puede proporcionarte consejos y ayuda durante los tramos más difíciles de tu viaje de la paternidad.

Truco #4 del autocuidado: Meditación en tu bolsillo. Hay varias aplicaciones de meditación gratuitas que puedes utilizar para hacer un rápido ejercicio de atención plena durante el día. Encuentra una que te guste e intenta aprovechar los momentos libres (por ejemplo, mientras descansas en el trabajo, mientras esperas un café o durante la siesta de tu bebé) para encontrar un poco de paz interior.

Truco #5 del autocuidado: Hora de hacer ejercicio de papá y el bebé. Si te encuentras a cargo de tu hijo pequeño pero necesitas desesperadamente hacer ejercicio, prueba a incluirlo. Salir a pasear, bailar en el salón o correr por el jardín son todas formas estupendas de conseguir que ambos hagan la actividad física que necesitan.

Capítulo 11

Todo piloto necesita un copiloto: cómo ser padre con un compañero(a)

El viaje de ser padre se parece mucho a pilotar un vuelo internacional (sí, estamos haciendo otra analogía, amigos. ¡Abróchense los cinturones!) Estás en la cabina, el tablero de mandos está lleno de luces parpadeantes e interruptores, y la mayoría de las veces no sabes muy bien cuáles debes pulsar. Eres responsable de una carga preciosa y es casi seguro que encontrarás turbulencias por el camino. Seguro que tienes tu plan de vuelo (o, en nuestro caso, tu estrategia y objetivos de crianza), pero eso no significa que no vaya a haber baches durante tus viajes. Sin embargo, superar esos obstáculos puede ser mucho más fácil si tienes la suerte de contar con un cónyuge o co-padre. Tener a alguien a tu lado puede ser un salvavidas cuando te encuentres con los peligros de la paternidad, y mediante el poder del trabajo en equipo, una comunicación sólida y el apoyo mutuo, es prácticamente seguro que llegarás a tu destino.

Es natural que la mayoría de los co-padres empiecen como pilotos inexpertos. En nuestro caso, no sabíamos muy bien hacia dónde nos dirigíamos, nuestros canales de comunicación estaban llenos de estática y la cabina se llenaba a menudo de agudos tonos de desacuerdo. Aunque distaban mucho de ser anormales, las turbulencias que sufrimos pusieron a prueba nuestra capacidad para trabajar juntos. Tras unas cuantas sesiones fallidas de entrenamiento para usar el baño o noches de insomnio, es fácil olvidar lo vital que es la otra persona para ti. Recuerdo un tramo difícil en el que nuestra comunicación cayó en picada.

La historia comienza tras un reciente cambio de guardería. La nueva guardería cumplía con todos nuestros requisitos: estaba muy bien calificada, en una zona mejor y hacía más hincapié en las actividades al aire libre (que a mi hijo le encantaban). En aquel momento, mi mujer y yo estábamos lidiando con una racha rebelde de nuestra hija; como resultado, habíamos tenido más desacuerdos de lo habitual. Cada vez nos comunicábamos menos, lo que solo servía para encender un ciclo interminable de discusiones sin resolver. Además de todo esto, yo aspiraba a un ascenso en el trabajo, así que la mayoría de los días mi mente estaba preocupada por causar una buena impresión en la oficina. Todos los ingredientes estaban dispuestos para preparar el clásico pastel del error y, desafortunadamente, mi mujer era quien lo hornearía.

El primer día que mi hijo tenía que ir a la nueva guardería, recibí una llamada frenética de mi mujer. "¡No está allí!", gritó mi mujer. "En la guardería dicen que nadie le ha dejado. ¿Dónde está? Un miedo helado se apoderó de mis venas, y por un momento pensé que iba a experimentar la peor pesadilla de todo padre. Mi mujer estaba alterada y emocionada, y empezamos a discutir por teléfono. Le dije que lo había dejado en casa, pero no me escuchaba. Entonces se encendió una bombilla en mi cabeza.

"Cariño, ¿en qué guardería estás?"

El teléfono se quedó en silencio un momento, y mi mujer suspiró pesadamente. Había ido a la antigua guardería. Se disculpó, recogió a nuestro hijo y entró por la puerta con la cabeza gacha. No negaré que me sentí frustrado, y una parte de mí quería empezar otra discusión allí mismo. Pero en lugar de eso, me eché a reír, y ella se unió a mí. Nos abrazamos y decidimos que esa noche llamaríamos a mis padres para que nos quitaran a los niños de encima. Salimos a cenar y nos tomamos un tiempo para reconectar. Aunque el día fue estresante, sirvió como llamada de atención. Aunque seguimos teniendo algún que otro desacuerdo, todavía no hemos tenido una racha de mala comunicación tan larga como aquella.

La importancia de permanecer unidos y presentar un frente unido

A veces, la paternidad puede parecer un clásico enfrentamiento del Viejo Oeste: tú y tu hijo se enfrentan en una taberna al atardecer. Ellos quieren quedarse despiertos hasta tarde, tú quieres que se vayan a la cama. Haces tu mejor imitación de Clint Eastwood, intentando mantenerte firme, pero parece que estás perdiendo el duelo. En esos momentos, necesitas recordar que no eres un pistolero solitario. En muchos casos, tendrás a un cónyuge, pareja, familiar u otra persona de confianza para ayudarte a afrontar los retos de la crianza.

Pero no basta con solo tener apoyo; querrás asegurarte de que ambos estén en el mismo equipo cuando surja un problema. Presentar un frente unido significa trabajar juntos para afrontar los retos de la paternidad. Te pondré un ejemplo: Le dices a tu hijo que no puede comer más dulces antes de cenar. Tu hijo te mirará fijamente con ojos llorosos, tratando de alcanzar el gabinete cerrado que guarda las galletas o los caramelos, pero tú no cederás. Misión cumplida,

¿verdad? Pues bien, sin que tú lo sepas, tu hijo se escabulle hacia tu pareja, manipulándole con esos mismos ojos llenos de lágrimas y asegurándose su golosina prohibida.

Este ejemplo ilustra uno de los elementos más importantes para presentar un frente unido: la comunicación. Tú y tu co-padre deben discutir de antemano qué estrategias utilizarán para afrontar los distintos retos de la crianza. Un plan bien formado les permitirá ser coherentes, y la coherencia hace que seguir las normas sea mucho más factible para tu hijo. Como resultado, tendrán resultados más favorables en cuanto a disciplina y desarrollo (además de evitar conflictos innecesarios). Pero, ¿cuál es la mejor manera de crear estas estrategias y objetivos compartidos?

Creación de un plan de batalla: Cómo elaborar objetivos compartidos con tu compañera/co-padre

Tú y tu pareja forman parte de un equipo, y todo equipo de éxito necesita un plan de juego. Un conjunto sólido de objetivos compartidos puede hacer que la crianza deje de ser una tarea frustrante y se convierta en una aventura gratificante. Es importante asegurar que estos objetivos apoyen el desarrollo de tu hijo; también querrás asegurarte de que las expectativas que establezcan sigan siendo realistas y alcanzables. La mejor forma de empezar a fijar estas metas y expectativas es sentarte con tu co-padre en una reunión estratégica.

Si es posible, intenta tener esa reunión en un lugar donde puedan hablar sin interrupciones ni distracciones. Comunica claramente tus metas y expectativas de forma que tu pareja pueda entenderlas y evita cualquier tipo de declaraciones acusatorias. "Tienes que dejar de enojarte cuando nuestro hijo hace un desastre" no sirve, mientras que "Creo que ambos deberíamos intentar hablar con calma y de forma reflexiva cuando nuestro hijo comete un error" es mucho mejor.

También debes evitar fijarte en el panorama general durante la reunión estratégica. Todos queremos pensar en el futuro y en el potencial de nuestros hijos de convertirse en adultos maravillosos y de éxito, pero hablar de eventos demasiado lejanos puede ser un obstáculo. En su lugar, piensa en objetivos concretos y realistas a corto plazo. Crea un calendario para los distintos objetivos que te gustaría alcanzar, pero mantente flexible; recuerda que el desarrollo se produce a ritmos distintos según los niños. Por ejemplo, digamos que tú y tu pareja desean que su hijo aprenda un determinado número de palabras en un año. Si no se alcanza ese objetivo, no significa que haya que pelearse o que algo haya ido mal. En lugar de eso, querrás celebrar los progresos realizados hacia el objetivo. Los objetivos que se fijen deben simbolizar la unidad que tienen como padres e informar de la dirección que tomarán cuando eduquen a su hijo.

Una vez tengas tu estrategia, intenta plasmarla en papel o en un formato digital para poder consultarla más adelante. Un registro físico también será útil para hacer ajustes más adelante o para actualizar los progresos en determinados puntos de referencia. Ten en cuenta que puede llevar un tiempo alcanzar estos logros, y que no existen los padres perfectos. Tú y tu co-padre/pareja tendrán días buenos y días malos, pero es importante no insistir en los desaciertos. En lugar de eso, compartan unas risas, hablen de lo que salió mal, aprendan de ello y avancen juntos como una unidad.

Por supuesto, habrá desacuerdos. Son una parte natural de casi todas las relaciones, por no mencionar que ocurren con frecuencia durante el proceso de crianza. Afortunadamente, hay buenas maneras de manejar estos momentos de conflicto.

5 consejos que te ayudarán a superar los desacuerdos en la crianza de los hijos

Es un hecho desafortunado, pero incluso en los mejores momentos pueden surgir desacuerdos entre los padres. Pueden ser tonterías como "Oye, ¿le has dicho a nuestra hija que los caramelos harán que le dejen de crecer las piernas? ¿Qué te pasa?" hasta algo mucho más serio e importante. Sea cual sea la causa, querrás abordar los conflictos con una combinación de tacto y empatía, introduciendo momentos de frivolidad cuando sea apropiado para ayudar a reducir la tensión. He aquí algunos consejos que puedes utilizar para superar los momentos difíciles con tu pareja.

Consejo #1: *Los descansos pueden ser una gran válvula de escape de la presión*

Cuando tú y tu pareja están juntos en la olla a presión de los padres 24 horas al día, 7 días a la semana, el calor puede empezar a afectarte. Si ambos empiezan a atacarse o a adoptar un tono negativo el uno con el otro, puede que sea el momento de dar un paso atrás y buscar un poco de espacio. Este espacio puede ser especialmente beneficioso durante una discusión acalorada, ya que es cuando nuestras emociones pueden sacar a menudo lo mejor de nosotros. La próxima vez que sientas que vas a estallar como un volcán, tómate un respiro de 5 minutos, sal a tomar el aire o camina un par de minutos. En la mayoría de los casos, podrás volver a la conversación con la cabeza más fría.

Consejo #2: *Escucha activamente y habla con cuidado*

Déjame que te dibuje un escenario: estás cansado, tienes hambre y lo único que quieres es tumbarte. Mientras tanto, tu cónyuge está intentando activamente discutir sus frustraciones, pero tu mente está a mil kilómetros de distancia. La escucha inactiva puede echar leña al fuego de un desacuerdo; la escucha auténtica y activa, en cambio, transmitirá que te importan las opiniones y sentimientos de tu pareja. Si tu pareja parece frustrada durante una discusión, asegúrate de responder con cuidado. Comparte tus ideas con claridad y en tono positivo, y si tienes una crítica, haz que sea constructiva.

Consejo #3: *Mantén conversaciones centradas y respetuosas*

Como te puede decir cualquiera que tenga una relación duradera, las discusiones pueden empezar a perder el foco y desviarse de sus límites originales. Si no tienes cuidado, un desacuerdo sobre qué silla alta comprar puede reavivar de repente una discusión que tuvieron hace años sobre algo que no tiene nada que ver. La clave está en centrar las conversaciones y mantener el respeto en todo momento. Hacerlo te ayudará a encontrar una solución viable y a calmar antes la discusión, por no hablar de que darás un buen ejemplo a tus hijos.

Consejo #4: *Consigue la ayuda de un tercero si es necesario y muéstrate dispuesto a ceder*

No todos los desacuerdos pueden resolverse internamente; a veces, necesitas recurrir a un asesor externo. Intenta encontrar a alguien imparcial, como un terapeuta, un mediador o una persona de la que tú y tu pareja sean amigos. Este tercero puede dar una opinión objetiva sobre lo que está ocurriendo y ofrecer algunos consejos sobre cómo avanzar. Por supuesto, sea cual sea la dirección que te den, es probable que la solución implique un compromiso. Es esencial que no te atrincheres e intentes "mantenerte firme" cuando tengas un desacuerdo con tu pareja. Encuentra un término medio saludable que implique concesiones por ambas partes; de ese modo, ambos sentirán que se ha tenido en cuenta su aportación.

Consejo #5: *Establece prioridades y asegúrate de cumplir tus promesas*

Durante la caótica tormenta de una discusión, es fácil perder el sentido de la orientación y las prioridades. Cuando te encuentres en medio de estas situaciones estresantes, es importante que te concentres en los objetivos compartidos que tienes con tu pareja y mantengas la vista fija en el objetivo final: criar con éxito a sus hijos. La felicidad y la salud de tu hijo deben ser la estrella polar que utilices para navegar en aguas turbulentas; procura siempre dirigirte de nuevo hacia esa luz que te guía. Atravesar estos mares turbulentos es mucho más fácil cuando cumples las promesas que haces. Si se produce un desacuerdo porque no has cumplido tu parte del trato, acepta con elegancia que has cometido un error. Puedes aprender de estos fracasos y hacerlo mejor la próxima vez; en su mayor parte, tu pareja será comprensiva cuando tengas un tropiezo.

Echamos una mirada retrospectiva a lo que aprendimos

Al llegar al final de nuestro viaje, quiero reconocer cuántos temas hemos tratado a lo largo de este libro. Puede ser difícil recordar detalles concretos más adelante, sobre todo con las muchas tareas de las que te ocuparás como padre. Para facilitar la localización de una técnica o fragmento concreto, he resumido los puntos principales de cada capítulo en nuestra conclusión.

Trucos para papás del Capítulo 11

Truco #1 de la crianza compartida: Documenta tu plan y tus progresos. Aunque un plan verbal puede ser útil, escribir tu estrategia es una forma mucho más eficaz de mantener los objetivos de crianza compartidos. Además, llevar un diario de tus progresos puede ayudarte a comprender lo lejos que has llegado en ciertos objetivos. Esto es especialmente útil en los momentos en que te sientas abatido o frustrado con el proceso de crianza.

Truco #2 de la crianza compartida: Repasa las metas regularmente. Ser padre se parece más a cocinar que a hornear, lo que significa que un poco de improvisación puede estar bien. En algunos casos, no es necesario apegarse a pautas rígidas y medidas estrictas a la hora de criar a tus hijos. Tus objetivos deben seguir siendo fluidos y susceptibles de cambio, ya que así te resultará más fácil abordar los problemas a medida que vayan surgiendo. Revisa tus objetivos con tu pareja y haz los ajustes que sean necesarios. Esto puede aumentar la eficacia de tu estrategia y ayudarte a superar los obstáculos con dignidad.

Truco #3 de la crianza compartida: Sé empático con tu pareja. Puede ser difícil recordarlo durante un desacuerdo, pero tu co-padre puede estar lidiando con luchas ajenas a su discusión actual. Es importante mantener la empatía y considerar todos los aspectos de la vida de una persona antes de lanzar acusaciones o declaraciones furiosas. Recuerda, ¡ambos están juntos en esto!

Truco #4 de la crianza compartida: Celebra las victorias, grandes y pequeñas. La paternidad no es un camino de rosas, y alcanzar una meta debe ser motivo de celebración. Tómate tiempo de vez en cuando para tener una noche especial juntos, reconociendo el duro trabajo que ambos han realizado y elogiando mutuamente sus victorias como padres. Esto ayuda a mantener la moral y puede darles la motivación que necesitarán para superar el próximo contratiempo o fracaso.

Truco #5 de la crianza compartida: Crea un calendario compartido. Recordar fechas y horas puede ser difícil, sobre todo cuando tanto tú como tu pareja tienen su propio calendario. En lugar de luchar por separado, combinen sus calendarios en un espacio digital compartido. Esto puede permitirte actualizar tu calendario en cuanto surja un nuevo compromiso o responsabilidad, lo que facilita mucho el cumplimiento de tus obligaciones.

Conclusión

Aunque el camino a través de la infancia es accidentado, la satisfacción de completar este importante paso es indescriptible. Claro que es uno de los periodos más arduos de la paternidad, pero también conlleva un conjunto importante de recompensas. Dicho esto, es casi seguro que irá acompañado de fracasos. Pero ¡no pasa nada! Cada error es una oportunidad para aprender, y te costará encontrar a un padre que no haya cometido un error por el camino. Las mejores cosas de la vida requieren trabajo, y si eres como yo, tus hijos son sin duda lo mejor de tu vida.

Para asimilar mejor la información de este libro, creo que lo mejor es hacer un pequeño repaso. Vayamos capítulo por capítulo y destaquemos los principales temas tratados a lo largo de nuestro viaje.

Capítulo 1: Sumergiéndote en la Reserva Genética: Naturaleza vs. Crianza, Personalidad e Indicadores del Desarrollo

El Capítulo 1 se centra en el modo en que la genética puede influir en las predisposiciones y rasgos de nuestros hijos, así como en el efecto que el ambiente adecuado puede tener en su desarrollo. Los puntos clave incluyen:

- **El papel que desempeñan los genes:** Los factores genéticos pueden determinar el desarrollo cognitivo de tu bebé, cómo interactúa con los demás, cómo responde a su ambiente y su nivel de curiosidad.

- **Tipos de temperamento y rasgos de personalidad:** El temperamento y la personalidad de tu hijo pequeño influirán en su nivel de actividad, sus ritmos biológicos, lo accesible que es, su estado de ánimo, lo sensible que es y lo bien que se adapta a determinadas situaciones.

- **Crea un ambiente que se adapte a tu hijo:** Creando zonas, estableciendo rutinas, fomentando la independencia y organizando citas para jugar, puedes crear un ambiente que maximice la capacidad de tu hijo pequeño para alcanzar nuevos logros en su desarrollo.

El capítulo concluye analizando algunos de estos indicadores, principalmente los relacionados con la capacidad física, el lenguaje, la cognición y la salud social/emocional.

Capítulo 2: Las 3 P del entrenamiento para ir al baño: Cómo saber cuándo ha llegado la hora de ir al baño de tu hijo pequeño

El capítulo 2 trataba sobre el entrenamiento para usar el orinal, empezando por las señales que hay que buscar para ver si tu hijo está preparado para empezar.

- Señal #1: Empiezan a irrumpir mientras tú estás en el baño
- Señal #2: Empiezan a dejar de usar pañales
- Señal #3: Se comunican más a la hora de ir al baño
- Señal #4: Han alcanzado los niveles adecuados de desarrollo físico

A partir de ahí, el capítulo cubre las 3 P del entrenamiento para ir al baño: Preparación, Práctica y Refuerzo positivo. El capítulo 3 concluye disipando algunos mitos comunes en torno al entrenamiento para ir al baño y habla de lo que no se debe hacer durante el proceso.

Capítulo 3: Comedores quisquillosos anónimos: Cómo sobrevivir a los gustos selectivos de tu hijo pequeño

En el capítulo 3 nos adentramos en el mundo de los niños que se ponen exigentes con la comida, concretamente en los factores genéticos, de desarrollo y ambientales que provocan este fenómeno culinario. Después, hablamos de algunos consejos para alentar a tu hijo a comer, y comparto una de mis recetas favoritas de golosinas rápidas: hormigas en un tronco hechas a su gusto. El capítulo termina con algunos consejos sobre lo que no hay que hacer cuando un niño es quisquilloso al comer, entre ellos:

- Nunca los alimentes a la fuerza
- No utilices la comida como castigo
- No compares los hábitos alimentarios de tu hijo con los de otros niños

Capítulo 4: Las batallas para dormir: Estrategias que puedes utilizar para resolver los problemas relacionados con el sueño

El capítulo 4 trataba sobre cuestiones relacionadas con el sueño, empezando por las razones por las que el sueño es tan esencial para un niño sano. A partir de ahí, hablamos de 3 posibles señales que indican que tu hijo no duerme lo suficiente:

- Dificultad para despertarse y somnolencia durante el día.
- Parecer más malhumorado e incapaz de concentrarse.

- Cambios en el apetito, la digestión o la respuesta del sistema inmunitario.

A continuación, el capítulo aborda la cantidad de sueño que necesita un niño pequeño a distintas edades, cómo hacer la transición de la cuna a la cama y qué hacer para ayudarle a conciliar el sueño. El capítulo 3 concluye hablando de qué hacer si tu hijo deja repetidamente la cama por la noche y de las mejores formas de tratar las pesadillas y los terrores nocturnos.

Capítulo 5: ¡Busca refugio! El Tornado de los "Terribles 2" ya está aquí

El Capítulo 5 se adentra en el temido reino de los 'Terribles Dos Años'.. empezamos hablando de qué son los 'Terribles Dos', y de las tres señales de que has entrado en esta época:

1. Te das cuenta de que el niño habla más entre dientes.
2. Tu hijo pequeño se vuelve más curioso, independiente y propenso a los accidentes.
3. Tu hijo empieza a poner a prueba los límites.

El capítulo continúa hablando de cómo manejar las rabietas, y de algunos consejos para que los padres sobrevivan a este periodo. Estos consejos incluyen mantener el sentido del humor, utilizar el ejercicio en tu beneficio y asegurarte de dedicarte algo de tiempo a ti mismo.

Capítulo 6: Lidiando con la disciplina: Técnicas para enseñar a tu hijo pequeño las consecuencias con compasión

En nuestro siguiente capítulo, tratamos algo que disgusta a la mayoría de los padres: la disciplina. El capítulo analiza cómo la disciplina puede ayudar a tu hijo pequeño y proporciona 3 consejos que puedes utilizar para que la disciplina sea positiva y compasiva.

Después, hablamos de lo que hay que evitar al disciplinar a tu hijo pequeño, como la vergüenza, la humillación, el castigo físico, el aislamiento, la negligencia, las expectativas poco razonables y las consecuencias cambiantes. El capítulo termina con algunas formas de establecer expectativas adecuadas a la edad y crear consecuencias razonables para los distintos grupos de edad de los niños pequeños.

Capítulo 7: Cultivando el carácter y construyendo mejores seres humanos

El capítulo 7 se adentra en el tema de los atributos positivos, incluyendo cinco características que pueden preparar a tu hijo para el éxito. Estas características son:

1. Una mente curiosa y creativa
2. Un corazón amable y empático
3. Sentido de la justicia e integridad
4. Responsabilidad y confianza en sí mismo
5. Resiliencia, valor y autocontrol

A continuación, daba algunos consejos sobre cómo enseñar a tu hijo rasgos de carácter específicos, incluidos los relacionados con la empatía, la amabilidad, el respeto, el aprendizaje y la exploración.

Capítulo 8: Reunión cerca del pequeño enfriador de agua: Por qué es esencial socializar a tu hijo pequeño

En el capítulo 8, hablamos de la socialización, empezando por algunas razones por las que es vital para tu hijo pequeño. El capítulo también trata de las mejores formas de desarrollar las habilidades sociales de tu hijo pequeño, como organizar citas para jugar, jugar a imaginar, contar historias relacionadas, mantener expectativas realistas y dar refuerzos positivos. Después, el capítulo 8 cubre algunas actividades que pueden enseñar a tus hijos a compartir, resolver problemas y buenos modales, antes de concluir con cinco ideas para citas de juego positivas.

Capítulo 9: Caos de ropa y guerras de vestuario: Cómo vestir a tu hijo pequeño con éxito

El capítulo 9 trataba sobre la moda para los más pequeños, principalmente sobre cómo los 'armarios cápsula' pueden ayudar a eliminar parte de la frustración de vestir a tus hijos pequeños. Estos armarios son esencialmente un conjunto intercambiable de camisas, pantalones, abrigos y otras prendas para simplificar el proceso de vestir. Discutimos algunas formas de crear un 'armario cápsula' para tus hijos, qué hacer en ocasiones especiales y algunos consejos para ayudarles a usar accesorios.

Capítulo 10: T.I.M.E. para mí: La mejor forma de que los padres practiquen el autocuidado

Como breve descanso de los temas centrados en los niños pequeños, el capítulo 10 trata sobre el cuidado personal. El capítulo comienza con cinco formas de equilibrar el trabajo y la vida de padre, antes de hablar de por qué el autocuidado es esencial para los padres. Después, cubrimos el método T.I.M.E. para el autocuidado, que se divide en cuatro partes:

- Tiempo
- Intención
- *Mindfulness* (Atención plena)
- Ejercicio

Cada sección ilustra un componente del autocuidado propio y ofrece formas prácticas de aplicar los elementos en tu rutina actual.

Capítulo 11: Todo piloto necesita un copiloto: cómo ser padre con un compañero(a)

Nuestro último capítulo trataba sobre la crianza compartida y lo importante que es estar de acuerdo con tu pareja. El capítulo empieza hablando de presentar un frente unido para abordar los problemas como un equipo. Después, hablamos de sentarse y crear una estrategia de crianza como forma de mantener la concentración a lo largo de todo el viaje. A continuación, el capítulo aborda cinco formas de afrontar los desacuerdos en la crianza, entre ellas:

- Haz pausas en las discusiones
- Escucha activamente y habla cuidadosamente
- Mantén las conversaciones centradas y respetuosas
- Pide ayuda a un tercero si es necesario
- Establece prioridades y asegúrate de cumplir tus promesas

Con lo que deseo que te quedes como aprendizaje

Puede que me queje de vez en cuando de las turbulencias que experimentamos los padres, pero que quede claro: la paternidad ha sido la parte más gratificante de mi vida. Adoro a mis hijos, y ayudarles a crecer es fácilmente mi mayor logro. Sí, hay altibajos, y los años de los niños pequeños pueden ser un camino especialmente rocoso. Pero yo lo superé, y te prometo que tú también lo harás.

Si has disfrutado de este libro, te estaría eternamente agradecido si dejaras una reseña en Amazon. Ser padre no es fácil, y si los consejos de este libro pueden hacer más llevadera la vida de alguien, quiero llegar al mayor número de personas posible. Durante esas noches duras, madrugadas y berrinches de media tarde, sé que los conocimientos que he almacenado aquí pueden ofrecer un poco de alivio a los padres estresados y frustrados.

Te dejo con esto: no adelantes esta parte de la vida de tu hijo. Absorbe cada segundo por pegajoso, gritón y estresante que sea. Experimentar de verdad las luchas de la paternidad hace que los triunfos sean todos más dulces. Y algún día, te lo prometo, echarás de menos incluso los momentos más bajos del tiempo que pases con tus hijos. Es una frase muy trillada, pero los niños crecen muy deprisa. No parpadees, porque puedes perdértelo.

Te deseo la mejor de las suertes en tu viaje como padre, y recuerda creer en ti mismo. ¡Tú puedes!

Reseñas

Como autor independiente con un presupuesto de marketing reducido, las reseñas son mi medio de vida en esta plataforma. Si te ha gustado este libro, te agradecería mucho que dejaras tu opinión sincera. Me encanta saber de mis lectores, y leo personalmente todas y cada una de las reseñas.

Únete a la Comunidad del Club de Papás

Club de Papás: Grupo de apoyo para padres | Facebook

Referencias

www.ingramcontent.com/pod-product-compliance
Lightning Source LLC
Chambersburg PA
CBHW071350080526
44587CB00017B/3049